QUE SAIS-JE ?

Sociologie du sport

PASCAL DURET

Professeur à l'Université de La Réunion

Deuxième édition mise à jour

10e mille

À la mémoire de Michel Prigent.

DU MÊME AUTEUR

*Lexique thématique STAPS (*avec D. Delignères), Paris, Vigot, 1993.
Le sport, moi et les autres : pratiques et représentations du sport chez les jeunes (avec P. Irlinger, C. Louveau, A. Vulbeau), Paris, Syros, 1993.
Sports de rue et insertion sociale (avec M. Augustini), Paris, INSEP, 1994.
L'héroïsme sportif, Paris, Puf, 1994.
Dopage et performance sportive (avec C. Louveau, M. Augustini, P. Irlinger, A. Marcellini), Paris, INSEP, 1995.
Anthropologie de la fraternité dans les cités, Paris, Puf, 1996.
Les jeunes en difficulté (dir. avec A. Guy), Paris, Arléa-Corlet, 1997.
La course aux médailles olympiques (avec P. Leroyer), Paris, Arléa-Corlet, 1998.
Les jeunes et l'identité masculine, Paris, Puf, 1999.
Enseigner l'EPS : l'identité professionnelle à l'épreuve (avec C. Couturier), Paris, CNEPS, 2000.
Le sport et ses affaires (avec P. Trabal), Paris, Métailié, 2001.
Sociologie du sport, Armand Colin, Paris, 2001.
Le corps et ses sociologies (avec P. Roussel), Paris, Nathan, 2002.
Le sport en questions (dir. avec D. Bodin), Rennes, Chiron, 2003.
Les larmes de Marianne, Paris, Armand Colin, 2004.
Un corps pour soi (avec C. Bromberger, J.-C. Kauffmann, D. Le Breton, F. de Singly, G. Vigarello), Paris, Puf, 2005.
Le couple face au temps, Paris, Armand Colin, 2007.
Sociologie de la compétition, Paris, Armand Colin, 2009.
S'aimer quand on n'a pas les mêmes valeurs, Paris, Armand Colin, 2010.
Faire équipe (avec C. Bromberger et coll.), Paris, Armand Colin, 2011.

ISBN 978-2-13-059249-5
ISSN 0768-0066

Dépôt légal – 1re édition : 2008, avril
2e édition mise à jour, 2e tirage : 2013, avril

INTRODUCTION

Le sport est aujourd'hui multiple tout autant dans ses formes que dans les lectures sociologiques dont il fait l'objet. En effet, le sport c'est aussi bien une finale de Coupe du monde qu'une partie de football entre copains, une compétition sans merci qu'un jeu débonnaire. Espérer fournir un état des lieux actualisé de cet ensemble disparate devient encore plus difficile dès qu'on envisage le sport non seulement comme une pratique (et parfois un mode de vie), mais aussi comme un spectacle porteurs de représentations et de symboles. Autant dire que les fonctions du sport renvoient à des domaines variés de la vie sociale. Le sport intervient dans le processus de socialisation des enfants. Les politiques publiques lui accordent également une efficacité (du moins invoquée) en matière d'intégration. Le sport remplit en outre des fonctions symboliques de renforcement du lien social à l'échelle locale ou nationale. Enfin, il occupe une fonction consommatoire de biens et de services.

Rien d'étonnant à ce qu'il constitue un « objet carrefour » où se rencontrent des travaux issus des principaux courants de la sociologie. Aux traditionnelles questions sur la distribution sociale des pratiques sportives (quels groupes sociaux pratiquent plutôt le basket, le foot, le ski, l'aviron… ? Qui sont les dirigeants en rugby, en patinage artistique ?, etc.) viennent s'ajouter, d'une part, celles concernant la socialisation sportive familiale (quel est le rôle des familles dans l'accès au sport de haut niveau ? Quelles dispositions ont précocement acquises les femmes qui investissent des sports d'hommes ?, etc.), et d'autre part, toutes celles concernant les fonctions et les valeurs du sport (en quoi le sport facilite-t-il ou non l'intégration sociale ? Quelles valeurs promeut le spectacle sportif ?, etc.).

Ces approches pour rester scientifiques doivent essayer d'éviter les préjugés normatifs. Or, un des grands intérêts (mais aussi un des obstacles les plus importants) de l'analyse sociologique du sport tient, en effet, à ce que tout le monde a son idée sur la question. Que vous dialoguiez avec des supporters, des jeunes, des vieux, des responsables des fédérations sportives, des responsables politiques, ou encore des responsables du monde de l'entreprise, tous vous diront ce qu'est le sport et à quoi il sert (ou à quoi il devrait servir). L'ensemble de ces idées, souvent préconçues, produisent un assortiment de poncifs (« le sport c'est bon pour la régulation sociale », « le sport c'est bon pour l'esprit d'entreprise », etc.), que les acteurs ne prennent même plus le soin de questionner. Un chercheur en physique nucléaire ou en biologie moléculaire est, à ce titre, bien plus à l'abri du sens commun qu'un chercheur en sciences sociales voué à un objet en apparence allant autant de soi. Même au sein du monde de la recherche, l'analyse du sport est toujours menacée par la résurgence tenace d'un discours militant qu'il soit « pro » ou « anti » sportif. En raison de partis pris (apologétiques ou dépréciateurs), s'opposeront en miroir, à travers deux formes contraires de fonctionnalisme, les vertus et les défauts prêtés au sport.

Le fonctionnalisme positif entretient une version angélique de l'univers sportif. Les individus qui font du

Tableau 1. – **Les fonctionnalismes attribués au sport**

Fonctionnalisme positif *Thèmes de célébrations du sport*	*Fonctionnalisme négatif* *Thèmes de critiques du sport*
Fonction hygiénique de préservation et d'entretien du « capital santé » de chacun.	Fonction disciplinaire d'apprentissage des contraintes corporelles.
Fonction politique de production de symboles nationaux (les champions vus en héros).	Fonction politique de production de nationalismes exacerbés (compétition comme « peste émotionnelle »)
Fonction médiatique du spectacle comme édification morale.	Fonction médiatique du divertissement comme « opium du peuple ».
Fonction d'intégration et d'accélérateur de sociabilités plus fraternelles.	Fonction d'exclusion et d'entretien de formes de racisme et de discrimination.
Fonction éducative du respect de l'autre et de la solidarité.	Fonction d'inculcation des valeurs guerrières et violentes du « prêt à tout pour gagner ».
Fonction contre-culturelle de création d'un monde à part transgressif (surf, skate).	Fonction de consommation, d'illusions libertaires récupérées par des intérêts marchands.
Fonction de production de biens et de services (matériel, événements, encadrement).	Fonction d'adhésion accrue à la société de consommation.

sport acquièrent une meilleure santé, deviennent plus solidaires et moins violents. Les champions tracent les contours d'un monde réenchanté et chevaleresque, etc.

Le fonctionnalisme négatif dénonce, sans relâche, la fausse candeur de toutes les vertus prêtées au sport. Celui-ci n'est plus alors perçu ni comme source de santé individuelle, ni d'amitié entre les peuples, ni comme un lieu d'apprentissage de la tolérance ou du désintéressement.

On peut, sans hésiter, renvoyer dos à dos ses opposants. En effet, le sport n'est pas un support éducatif « par essence » ou dans l'absolu ; ses valeurs n'ont aucune réalité « en soi » et n'existent pas indépendamment des acteurs. Il n'est donc guère utile en la matière de prolonger les querelles théoriques entre ses laudateurs et ses détracteurs ; il semble bien plus profitable de comprendre de manière empirique les qualités et les travers que les individus lui trouvent. On soulignera de fait la nécessité de s'appuyer sur des enquêtes de terrain comme antidotes aux disputes purement théoriques. En sport comme dans d'autres domaines, la sociologie ne peut revendiquer sa scientificité que si elle repose sur un travail d'enquête. Mais il faut ajouter à ce souci empirique, le refus de toute imposition normative.

Chapitre I

LES PRATIQUES SPORTIVES DES FRANÇAIS

En 1967 pour la première fois l'INSEE, appareil statistique de l'État, lance une étude concernant le sport (échantillon de 6 637 personnes de plus de 14 ans) intitulée « Les comportements des loisirs des Français ». Les résultats rendus publics en 1970 permirent de fournir les premiers taux de pratique et des indications sur la fréquentation des spectacles sportifs. Après cette enquête fondatrice, l'INSEE questionna les Français à plusieurs reprises, mais de manière indirecte, sur le sport. Ces résultats dispersés furent regroupés par P. Garrigues dans un travail de synthèse intitulé « Évolution de la pratique sportive des Français (1967-1984) ». En 1987, P. Irlinger, C. Louveau, M. Métoudi diffusent les résultats de l'enquête majeure des années 1980 intitulée les « Pratiques sportives des Français ». Elle concerne un échantillon de 3 000 personnes âgées de 12 à 74 ans. Au début des années 1990, L. Pouquet et P. Moati réalisent une enquête portant plus spécifiquement sur « Les comportements de consommateurs d'articles de sport », pour le compte du CREDOC (1994). Elle toucha un échantillon de 1 010 personnes (de 14 à 65 ans). En 2000, le ministère de la Jeunesse et des Sports (MJS) confiait la responsabilité d'une nouvelle enquête nationale à P. Mignon et G. Truchot. Elle fut menée auprès d'un échantillon de 6 526 personnes représentatif de la population française âgée de 15 ans à 75 ans révolus.

Ces différentes enquêtes échelonnées sur trois décennies font apparaître les tendances de fond concernant l'augmentation des pratiquants, la différenciation sociale des pratiquants, la distribution sexuelle des pratiques et le poids aujourd'hui déterminant de la pratique « hors club ».

I. – Un nombre de pratiquants en augmentation

En 1967, d'après l'enquête INSEE, pas même un Français sur deux faisait du sport (39 %). On avait alors d'autant plus de probabilités d'être sportif que l'on était un homme, diplômé (facteur déterminant), que l'on avait moins de 30 ans, et que l'on était un citadin. La catégorie des cadres, surreprésentée parmi les sportifs, l'était plus nettement encore dans des pratiques comme le golf, le tennis, le ski alpin.

Vingt ans plus tard, l'enquête de l'INSEP montre une France bien plus sportive et des pratiquants pourtant moins proches des fédérations. À la fin des années 1980, presque trois Français sur quatre faisaient du sport (73 %). Cet accroissement était surtout dû à trois types de facteurs :

– *une augmentation de la pratique féminine*. En 1987, les taux de pratique des femmes et des hommes étaient devenus très proches, ce qui n'empêchait pas une forte division sexuelle des goûts et comportements sportifs[1] ;

1. Comme l'ont montré A. Davisse et C. Louveau, *Sports, école, société : la différence des sexes*, Paris, L'Harmattan, 1998.

– *une transformation de la durée de la pratique sportive* durant la vie des Français et en particulier une continuation de la pratique avec l'avancée en âge. L'abandon du sport avec le vieillissement était bien moins sensible en 1987 que pour l'enquête INSEE 1967. En effet, on ne relevait plus de décrochage massif à la quarantaine. L'enquête INSEP de 1987 évalue à 72 % les Français âgés de 35 à 49 ans qui font encore du sport alors qu'ils n'étaient que 23 % en 1967 selon l'enquête INSEE. Après 60 ans, près de la moitié de la population continuait à avoir une activité physique pour l'enquête INSEP contre moins de 10 % dans l'enquête INSEE de 1967 ;
– *un accès plus important aux activités physiques des groupes sociaux qui s'y adonnaient le moins* (agriculteurs, ouvriers, artisans). Si seulement trois ouvriers sur dix pratiquaient le sport en 1967, sept sur dix le faisaient en 1985.

L'enquête du CREDOC de 1994 confirme ces résultats avec un taux de 68 % de Français pratiquant une activité physique et sportive (proche du taux de 73 % de l'enquête INSEP de 1987). Cette enquête avalise la tendance à la prolongation de la pratique sportive avec l'avancée en âge.

L'augmentation du taux de pratique constaté entre les résultats de 1967 et de 1987 peut aussi être en partie imputée aux différences de sens conférés au mot « sport » dans les enquêtes. Les chercheurs de l'INSEE en donnaient, en 1967, une définition restreinte à la pratique en club. Ceux de l'INSEP, en 1987, pour ne pas passer à côté des pratiques hors institution, partaient d'une définition autogénérée où le sport c'est ce que font les personnes quand elles disent qu'elles font du sport. Les chercheurs du CREDOC, en 1994, partaient eux aussi d'une définition large « pratiquez-vous, même occasionnellement une activité physique et sportive (APS) ? ».

Les résultats de l'enquête MJS (Mignon, Truchot, 2002) montrent que 61 % des Français déclarent « spontanément avoir fait une APS durant l'année » ; ce qui est un taux en retrait par rapport aux enquêtes INSEP de 1987 et CREDOC de 1994. Mais ce taux passe à 83 % d'individus interrogés si les enquêteurs mettent en place une « question de repêchage » qui permet de vérifier si les personnes se présentant comme non pratiquantes, le sont vraiment, ou si, pour des raisons diverses, elles s'abstiennent de déclarer leurs activités.

En se tournant vers des indicateurs de fréquence (c'est-à-dire le nombre de fois où l'on pratique par semaine ou par mois) P. Mignon et G. Truchot constatent que 48 % des personnes déclarent avoir une activité physique au moins une fois par semaine. Cette même enquête distingue d'une part l'intensité d'une pratique, et d'autre part l'appartenance à une fédération. Pour ordonner les pratiquants des moins au plus sportifs, la variable mise en place par l'enquête INSEP de 1987 faisait reposer sa catégorisation sur la possession ou non d'une licence. Les cinq niveaux de pratiques alors déterminés classaient les non-licenciés (aux niveaux les plus bas) et les licenciés (aux niveaux supérieurs). Or, cette variable mesurait plus le degré d'intégration aux institutions sportives que l'engagement réel dans la pratique. L'enquête de P. Mignon et G. Truchot montre que ces deux facteurs sont loin d'être synonymes. Ainsi, avoir une licence ne garantit pas du tout l'intensité ou la régularité d'une pratique. Inversement, on peut tout à la fois manifester une volonté d'autonomie par rapport aux fédérations sportives et mener une pratique sportive intensive. Les basketteurs de rue, par exemple, qui s'adonnent au sport plusieurs heures par jour, les culturistes qui s'astreignent sans licence à une pratique quotidienne ou les jeunes surfeurs gagnant la plage dès les cours achevés ne sont plus classés à un niveau plus faible que des individus licenciés pour bénéficier d'une assurance durant leur seule semaine de ski annuelle.

Toutes ces enquêtes montrent combien la définition du « sport » reste, pour les Français, à géométrie variable. Ainsi en 2000, 36 millions de Français déclarent s'être dépensés physiquement au moins une fois dans l'année. Ils ne sont plus que 26 millions à avoir une pratique sportive au moins une fois par semaine et environ la moitié à adhérer à des associations sportives.

Tableau 2. – **Les différents types de pratiques de la population française**

Types de pratique	*En pourcentage*	*% de femmes parmi ces pratiquants*	*% de moins de 30 ans parmi ces pratiquants*
Fait de la compétition et est licencié en club	12	24	48
Fait de la compétition	19	24	50
Est en club ou association	23	40	38
Pratique une APS au moins une fois par semaine	60	47	31
Dont déclaration spontanée	40	43	34
A pratiqué une APS au moins une fois dans l'année	83	48	30
Dont déclaration spontanée	61		

Source : Mignon, Truchot, 2002.

Les pratiques sportives constituent aujourd'hui un élément incontournable mais pas nécessairement central des loisirs des Français. P. Mignon et G. Truchot repèrent deux types de motivations essentielles qui conduisent à la pratique physique : la recherche du bien-être et l'affirmation de liens amicaux et familiaux. Ainsi, le plaisir suscité par la pratique constitue la source majeure de l'engagement (89 %) et le sport se pratique aujourd'hui très majoritairement en groupe (81 %), principalement avec des membres de la famille et des amis.

Ces mêmes auteurs distinguent des pratiques qui, comme la gymnastique, la danse ou l'athlétisme, exigent un engagement intense et assidu de celles qui, comme le tennis de table, se satisfont d'un investissement plus épisodique. Les premières sont pratiquées au moins une fois par semaine par plus de 80 % de leurs adeptes. Les secondes peuvent très bien n'être qu'une distraction occasionnelle. Ces auteurs suggèrent une construction bipolaire de l'univers sportif. Les sports exigeant un engagement fort en termes de temps consenti et de participation aux compétitions (le rugby, les arts martiaux, le hand-ball) s'opposent à des sports davantage associés à la détente (ski, voile, tennis de table). Les trois différentes formes de rencontres sportives (compétition, classement et rassemblement) attirent des pratiquants assidus. Les auteurs repèrent que 90 % des personnes qui participent à au moins deux de ces trois formes de compétition font du sport au moins une fois par semaine.

En tête du palmarès des activités les plus fréquemment pratiquées figure la marche qui attire plus de 21 millions de personnes. Il s'agit bien sûr d'une activité peu homogène qui va de la promenade de santé au trekking en haute altitude. Il n'est pas sans intérêt de remarquer que plus d'un tiers de la population des marcheurs ne s'est pas déclarée de façon spontanée.

II. – La distribution sexuelle des pratiques

Diffusées et massifiées très amplement, les activités physiques et sportives ne se sont pourtant pas totalement uniformisées selon les sexes.

L'augmentation du nombre de sportives peut s'expliquer par l'accès massif des femmes au salariat, puisque dans les années 1960, cinq femmes sur dix exerçaient un travail alors qu'elles étaient sept sur dix dans les années 1980 et qu'elles sont huit sur dix dans cette situation aujourd'hui. La sortie du foyer (qui a souvent été de l'ordre du rêve impossible pour nos grands-mères et qui représentait encore un exploit pour nos mères) s'est largement banalisée. Au point que sortir faire du sport, ce qui était impensable pour nombre de femmes des générations précédentes, est vécu aujourd'hui comme « normal ». Ainsi, le rapprochement des taux de pratique féminin et masculin dans l'enquête INSEP 1987 (70 % de femmes contre 76 % d'hommes) ne signifiait pas que les femmes souhaitaient (ou pouvaient) accéder à toutes les pratiques. Elles exerçaient alors cette activité sportive plus fréquemment que les hommes à domicile et durant les vacances, et moins souvent dans des formes compétitives. Quel que fût leur âge, plus la pratique s'institutionnalisait, plus elle se passait loin du domicile et moins les femmes y étaient présentes. En définitive l'enquête INSEP 1987, montrait que les femmes faisaient plus de sport qu'en 1967 mais ni vraiment aux mêmes moments, ni dans les mêmes espaces, ni selon les mêmes modalités que les hommes[1].

L'appartenance de sexe conditionne donc le rapport au temps de travail, au temps familial et au temps pour soi (Louveau, 2006). Le temps que les femmes s'accordent pour faire du sport est révélateur plus que chez les hommes, d'une tension entre obligations familiales et liberté personnelle. Jadis les obligations morales (celles de l'épouse et celles de la mère) avaient le plus souvent gain de cause. La définition d'une bonne mère en particulier dans les milieux populaires était de « savoir se faire passer après » le reste de la famille et de se réaliser dans le dévouement. Cette logique sacrificielle valorisait dans un mécanisme d'autocontrainte les activités au service de la cellule familiale tout en délégitimant les autres ; le sport, jugé non prioritaire, disparaissait des emplois du temps féminins. Aujourd'hui le sentiment d'obligation domestique des femmes n'a pas disparu, mais il s'accompagne d'un désir concurrent d'épanouissement personnel, légitimant des plages de temps pour soi. Pour préserver leur équilibre, elles savent donc mettre à distance certaines demandes (filiales ou conjugales) sans endosser pour autant l'image de la mauvaise épouse ou de la mauvaise mère. Pour s'appartenir tout en se donnant aux autres, pour conjuguer fidélité à soi-même et dévouement à autrui, elles prennent le temps nécessaire à la réalisation de soi. Du moins, certaines se l'accordent quand d'autres le revendiquent, mais aucune ne sous-estime plus son importance.

1. L'enquête montrait en outre en croisant catégories sociales et sexe qu'il existait des différences importantes entre les cadres supérieurs féminins (dont 70 % jouaient au tennis) et les femmes ouvrières (dont 30 % faisaient de la gymnastique ou de la gymnastique d'entretien).

L'enquête MJS 2000 (Mignon, Truchot, 2002) montre, comme dans l'enquête INSEP 1987, que les hommes restent bien plus compétiteurs (trois compétiteurs sur quatre sont des hommes), plus adeptes des clubs et pour plus longtemps que les femmes.

La pratique féminine, globalement sous-représentée dans la compétition, enregistre dans cette modalité d'importants écarts en fonction des groupes sociaux. Dans un travail socio-historique[1], Carine Érard montre, par exemple, comment après la Seconde Guerre mondiale les classes dominantes fournissent un tiers de l'élite athlétique féminine alors qu'elles ne constituent qu'un sixième de l'élite masculine. Jusqu'aux années 1970, les athlètes féminines sont majoritairement issues des classes moyennes. L'engagement sportif de ces femmes tient à un goût sportif hérité des pratiques paternelles. L'athlétisme féminin n'est donc pas un lieu de brassage social.

C. Louveau et A. Davisse retracent la conquête des disciplines sportives par les femmes et repèrent cinq « familles » de fédérations :

- celles largement féminisées et qui depuis longtemps ont été investies par les femmes ;
- celles moyennement féminisées où les effectifs féminins restent à des taux presque stables (par exemple le ski, le golf, le tennis) ;
- celles moyennement féminisées mais dont les effectifs féminins sont en nette expansion (comme le basket-ball, le hand-ball, le volley-ball et l'athlétisme) ;

1. *La Production sociale de l'élite athlétique,* thèse STAPS, Paris, Université de Paris-XI, 2003.

Tableau 3. – **Sport avec plus de 50 % de femmes**

1963	*1980*	*1994*
Sports équestres	Gymnastique	Gymnastique
	Sport équestre	Sport équestre
	GRS	GRS
	Gym volontaire	Gym volontaire
	Trampoline	Trampoline
	Twirling bâton	Twirling bâton
	Danse et arts chorégraphiques	Danse et arts chorégraphiques
	Sports de glace	Sports de glace
	Trampoline	Balle au tambourin

Source : Louveau, Davisse, *Sports, école, société*, Paris, L'Harmattan, 1998.

– celles qui sont peu féminisées mais où l'on constate une croissance des effectifs féminins. Ainsi, le pourcentage de licenciées passe en judo de 5,5 % (1963) à 21 % (1994) puis 26 % (1999) ;
– celles qui constituent des bastions de la masculinité (rugby, lutte, boxe).

C. Mennesson (2005) s'attache à analyser la construction de l'identité des femmes de ce dernier groupe. Au sujet des boxeuses, elle dégage deux principaux contextes de découverte de l'activité. Dans le premier, les filles sont confrontées de manière relativement fortuite à la boxe, en étant invitées par exemple au spectacle d'une compétition. Ces boxeuses, sensibles aux aspects techniques et esthétiques des assauts, ne sont guère attirées par un usage des poings visant une efficacité combative maximale. Dans le second, la participation aux sports de combat est le résultat d'une initiative plus directe. Engagées plus précocement que celles du premier groupe, elles ne cachent pas leur intérêt pour les coups portés dans le kick-boxing ou la boxe thaï. Elles n'ont peur ni d'en recevoir ni d'en donner car c'est précisément ce qu'elles viennent rechercher dans l'activité.

Dans *Être une femme dans le monde des hommes*, C. Mennesson étudie trois terrains (le football, la boxe et l'haltérophilie). Elle explique que la construction identitaire de ces sportives se réalise dans le jeu entre le passé (incorporé comme système de dispositions) et le présent (temps de la socialisation secondaire). Ce processus dépend aussi des institutions encadrant la pratique. Jusqu'il y a peu, le football féminin n'était guère valorisé par la fédération ; à l'opposé, la Fédération de boxe française jugeait essentielle à son développement l'apport de la pratique féminine. Face au mépris des footballeurs, les footballeuses vivaient le plus souvent leur sport en situations « d'homosociabilité » (repliées sur elles-mêmes), contrairement aux boxeuses qui évoluent principalement en situations mixtes et « hétérosociales ».

L'enquête MJS 2000 confirme l'écart entre les modalités propres aux deux sexes. Les hommes sont deux fois plus nombreux que les femmes dans 15 disciplines mais inversement les femmes sont surreprésentées dans trois activités (gymnastique, danse, patinage sur glace). D'une manière générale les sports collectifs sont plutôt masculins (à l'exception du volley-ball réellement mixte). Les femmes se trouvent majoritaires dans la marche, la natation et la glisse eau-neige.

La division sexuelle du travail de l'encadrement sportif conforte la domination masculine (Marchiset, 2004).

Peu de femmes occupent les postes de direction d'associations sportives et lorsqu'elles y accèdent c'est le plus souvent dans des postes subalternes sur l'échelle du prestige social (en temps que secrétaire ou trésorière des clubs). En outre, Gilles Marchiset note que la majorité des dirigeantes exercent dans des petits clubs (souvent ruraux) où les profits symboliques sont moindres. En Franche-Comté, lieu de son étude, les femmes ont essentiellement des responsabilités au niveau local, près de 85 % d'entre elles n'en ont aucune au niveau départemental ou régional. Elles sont quasi absentes des présidences de ligues. Alors que pour les hommes, le passé de champion sportif aide à la reconversion en tant que dirigeant, pour les femmes il agit comme un frein, car ce qu'attendent les autres dirigeants (masculins) pour accepter en leur sein une collègue c'est qu'elle fasse preuve des qualités de dévouement et de sacrifice associées aux stéréotypes féminins.

L'engagement associatif de la mère de famille a besoin pour être légitimé du détour passant par la performance de ses enfants inscrits au club. C'est parce qu'elle continue à veiller sur le devenir de leurs petits prodiges qu'elles peuvent se permettre des responsabilités d'accompagnement au club. Ce n'est pas un investissement en pure perte.

Les femmes dirigeantes deviennent de plus en plus rares à mesure que l'on passe des structures bénévoles à des structures professionnelles. Elles disposent en général d'un moindre capital social, et à quantité de relations égales, celles des femmes sont moins efficaces au sein du réseau de solidarités sportives masculines. Mais en outre, G. Marchiset repère finement que lorsqu'elles sont introduites par un homme dans cet univers masculin, elles contractent une dette qui accentue leur soumission ou leur sentiment de dépendance.

III. – Le poids devenu déterminant de la pratique « hors club »

En 2000, moins d'un quart de la population sportive globale (quelles que soient la fréquence et la modalité de sa pratique) se livre à des compétitions (8 millions de compétiteurs pour 36 millions de « sportifs »). Sur ces 8 millions de personnes, seulement 4,7 millions participent à des compétitions officielles. Les résultats de l'enquête de P. Mignon et G. Truchot soulignent que les plus jeunes sont ceux qui participent le plus aux modalités compétitives (la moitié des personnes engagées dans des compétitions a entre 15 et 30 ans). Malgré la poursuite du processus de désinstitutionnalisation des pratiques sportives, un fort lien subsiste entre la compétition et l'adhésion à un club. Soixante-six pour cent des compétiteurs sont membres d'un club contre 15 % des non-compétiteurs, le rapport est éloquent.

Tous les sports sont loin d'offrir le même degré d'institutionnalisation. Les pratiques peuvent se placer sur un continuum. À un pôle se trouvent les pratiques où le nombre de licenciés par rapport au nombre de pratiquants serait dérisoire (comme en marche ou dans les pratiques de glisse ou de roller-skate). Ensuite viennent des pratiques où le taux de licenciés est approximativement d'un pour dix (comme aux boules ou aux tennis de table). Les sports comme le tennis comptant un licencié pour quatre pratiquants tendent vers l'autre pôle, celui où s'opère le recouvrement des pratiquants par les licenciés (comme dans les arts martiaux, disciplines que l'on ne peut pratiquer dans la rue et hors d'un club).

La place des sports de glisse, du skate et du roller (plus de trois millions de pratiquants) est intéressante, car elle oblige à une double relativisation :

- d'une part, il s'agit bien d'une implantation importante qui fait désormais partie de la palette commune des activités physiques ; en cela, on ne peut guère considérer aujourd'hui les skateboardeurs comme marginaux et transgressifs. La transgression de l'éthique des sports traditionnels (à compétition dure) a tellement été répétée et systématiquement déclinée sous toutes ses formes, que les nouveaux sports des années 1970 sont désormais à leur tour rentrés dans la norme. Ils font partie du paysage ;
- d'autre part, s'ils occupent certes une place importante, il ne s'agit pourtant pas du raz-de-marée prophétisé par les ouvrages parlant de « génération glisse » (A. Loret, 1995) ; ce qui amène à relativiser l'étendue de la culture « fun ». Le nombre de pratiquants reste bien en deçà de celui des joueurs de sports collectifs ou même des huit millions d'adeptes de sports de raquette (tennis, badminton, tennis de table, squash).

IV. – La différenciation sociale des pratiques

La comparaison des résultats sur la distribution sociale de la pratique sportive offerts par les trois enquêtes INSEE 1967, INSEP 1987 et MJS 2000 montre un rattrapage important des catégories « agriculteurs » et « ouvriers » qui tout en restant avec les taux de pratiques les plus faibles ne sont plus décrochées des autres groupes sociaux.

Moins spectaculaires mais bien réelles, les augmentations des autres catégories font que plus de huit employés, plus de huit artisans, plus de huit commerçants sur dix font en 2000 une activité physique. Les professions intermédiaires ont rejoint, avec plus de neuf pratiquants sur dix, le taux de pratique des professions intellectuelles supérieures. Les résultats montrent aussi qu'à mesure que l'on s'élève dans l'échelle sociale, la part des compétiteurs augmente et de façon encore plus nette pour les femmes que pour les hommes.

Plus d'un Français sur deux fait de la marche, près de la moitié d'entre eux s'adonne à la baignade ou à la natation, plus d'un tiers fait du vélo. L'extrême diffusion de ces pratiques constitue un socle commun qui semble gommer le poids des déterminations sociales. Certaines activités physiques et sportives paraissent pourtant encore chargées d'un pouvoir distinctif et symbolique important comme la chasse, la pêche ou les boules en milieux populaires ou comme la voile et le golf dans les milieux aisés.

Tableau 4. – **Évolution du taux de pratique en fonction de la catégorie socioprofessionnelle de 1967 à 2000 (en %)**

	Agriculteur	*Artisan commerçant, chef d'entreprise*	*Profession intellectuelle supérieure*	*Profession intermédiaire*	*Employé*	*Ouvrier*
1967	5 %	26	67,7	57,6	35,1	31,5
1987	52 %	78,1	90,8	85,2	73,2	67,5
2002	66 %	83	92	92	86	81

Source : INSEE. 1967, INSEP. 1987, MJS. 2002.

Mais P. Mignon et G. Truchot montrent que les usages distinctifs de certaines pratiques n'empêchent nullement les individus issus de milieux aisés de faire du vélo, d'aimer la gymnastique, d'aller courir et de jouer aux boules.

Souhaitant déterminer « les rapports d'affinité qui s'établissent entre certains types de sport et certains groupes sociaux », C. Pociello avait, à la fin des années 1970, construit un système des sports organisé par une double opposition :

- d'une part, celle distinguant les pratiques « énergétiques » (situées pour l'auteur dans le bas de l'espace social, comme la lutte) et les pratiques « informationnelles », comme le parapente (que l'auteur plaçait dans le haut) ;
- d'autre part, celle qui sépare les pratiques motorisées comme la Formule 1 (attribuées aux possesseurs d'un volume économique important) et les pratiques écologiques du type escalade ou voile (associées aux détenteurs d'un fort capital culturel).

Cet hypothétique système des sports est aujourd'hui très fragilisé par les résultats de l'enquête MJS 2000 qui montrent, par exemple, combien les pratiques informationnelles ne sont pas irréductiblement opposées aux pratiques énergétiques. Avec la profession et le niveau de revenu, c'est plus la palette des activités qui croît qu'une répulsion portée à l'égard de pratiques rédhibitoires. Il semble bien que les goûts sportifs ne fonctionnent plus en générant de dégoûts suffisamment puissants pour faire des pratiques sportives des bastions sociaux hermétiquement gardés.

Enfin, l'avènement de la multipratique (c'est-à-dire le fait de mener de front plusieurs activités) rend hasardeuse la validation d'un tel système des sports. L'enquête MJS 2000 montre à quel point l'investissement des sportifs est aujourd'hui pluriel. Elle met en évidence l'émergence d'un « zapping sportif » d'autant plus net que l'on est jeune et que la palette d'activités à laquelle on peut prétendre est variée. Après la montée et la domination des cultures sportives spécialisées et « monothématiques », on observe aujourd'hui un goût pour la diversité et la multipratique. Ainsi, les deux types d'investissement (dans et hors club) peuvent se mener couramment de front dans un même temps biographique.

Les travaux de B. Lefevre ont montré à partir d'un traitement secondaire des données de l'enquête MJS 2000 que la multipratique ou « omnivorité » conjuguant deux ou trois pratiques est relativement massifiée. En outre, plus la multipratique s'accroît plus les différenciations sociales opérées par cette tendance (Petterson, 2004) se

Tableau 5. – **Nombre de pratiques déclarées et PCS (professions et catégories socioprofessionnelles) (en %)**

Nombres de pratiques	*Catégories sociales favorisées*	*Catégories sociales défavorisées*
Univore	16	30
Deux pratiques	24	24
Trois pratiques	17	17
Quatre pratiques	17	12
Cinq pratiques	12	7
Six pratiques et plus	15	10
Total	100	100

Sources : B. Lefevre, F. Ohl, « Les choix des pratiques physiques et sportives des Français : omnivorité, univorité et dissonance », *Science et motricité*, n° 3, 2006.

marquent en faveur des catégories sociales supérieures (plus « omnivores ») au détriment des catégories sociales populaires (plus « spécialisées » dans une pratique et une seule).

Ce constat concerne non seulement l'omnivorité, mais également l'éclectisme (c'est-à-dire le choix de pratiques dissonantes ou *a priori* éloignées socialement comme le golf et la pétanque, le ski et la lutte). L'auteur repère une tendance marquée à l'existence de profils plus dissonants parmi les PCS supérieures (45 % contre 26 % dans les PCS populaires).

V. – Le sport dans le cycle de vie

L'enquête de l'INSEP de 1987 montrait l'apparition d'un troisième âge physiquement actif. En effet, près d'une personne sur deux âgée de plus de 60 ans déclarait avoir une activité physique alors que moins d'une personne sur dix dans la même tranche d'âge disait faire du sport en 1967. La pratique sportive est conçue, comme l'a montré R. Feillet[1], comme une résistance au vieillissement. Les progrès de la médecine, l'amélioration de la qualité de la vie produisent une transformation de la pyramide des âges : l'augmentation démographique du nombre de personnes âgées et l'allongement du temps de vie. L'activité physique permet alors de lutter, d'une part, contre le processus de vieillissement biologique et la baisse globale des performances (ralentissement de la marche ou temps de réponse plus long), d'autre part,

1. *Pratiques sportives et résistance au vieillissement*, Paris, L'Harmattan, 2000.

contre le vieillissement psychologique (déclin de l'activité cognitive et des capacités perceptives). Le vieillissement n'est pas un processus uniforme pour tous, mais une dynamique individuelle sur laquelle le sport peut jouer.

À partir d'enquêtes de terrain, R. Feillet montre que l'activité physique des « vétérans » peut prendre deux grandes significations :

- soit elle devient une preuve publique garantissant que l'on n'est pas impotent. Elle sert à conjurer et à retarder l'entrée dans un fatidique quatrième âge. Derrière cette crainte de l'immobilité apparaît le spectre de la dépendance. Faire du sport quand on est âgé revient aussi à lutter contre l'isolement. La lutte contre le vieillissement se situe alors sur deux fronts indissociables, celui de l'entretien des aptitudes physiques (souplesse, endurance) et celui des possibilités relationnelles que cette disponibilité physique autorise (notamment dans les pratiques intergénérationnelles avec les petits enfants) ;
- soit, loin de participer de manière directe à l'imaginaire du refus du vieillissement et au mythe de l'éternelle jeunesse, l'activité physique au troisième âge donne le sentiment que l'on peut continuer à être sportif même avec un corps qui change et tout en étant âgé. Elle participe à dédramatiser le vieillissement. Il ne s'agit donc pas de comparer les performances des personnes âgées et celles obtenues par des jeunes, mais de permettre aux anciens de prendre soin d'eux dans le respect de leur corps.

La pratique du troisième âge varie sensiblement que l'on soit rural ou citadin. Les clubs de troisième âge sont implantés essentiellement en milieu rural. Les personnes âgées y font entre elles une activité physique très liée aux loisirs (par exemple aller visiter en bus un château, puis faire une marche dans la forêt du domaine). Ces clubs regroupent surtout des fractions populaires de la population. Les groupes plus favorisés fréquentent les clubs sportifs proposant des offres plus spécifiques.

L'enquête MJS 2000 repère précisément l'image que se font les personnes de leur propre sportivité par la mesure des écarts entre déclarations spontanées et déclaration « après relance ». Ainsi, cet écart ne dépasse guère 10 % des réponses dans les tranches d'âges allant jusqu'à 25 ans ; il croît ensuite de manière quasi régulière avec l'âge et atteint presque 30 % à partir de 55 ans.

Une enquête sur les pratiques sportives à La Réunion[1] montre deux grandes ruptures dans les parcours des pratiques dans le cycle de vie. Une première peu après la trentaine, où s'opère statistiquement un décrochage dans lequel les individus renoncent non pas à l'activité physique, mais à la compétition. Puis une seconde grande modification apparaît à la cinquantaine, les individus abandonnent les sports qu'ils faisaient étant jeunes pour en choisir de nouveaux plus adaptés à leurs possibilités.

Un point aveugle de ces différentes enquêtes concerne la pratique des jeunes enfants. On sait que l'offre d'activités vise un public de plus en plus précoce. En 2000, la moitié des clubs de baby-gym débutaient leur activité pour la tranche d'âge des 2 ans, de même qu'un nombre toujours croissant de communes disposant d'une piscine organisent aujourd'hui des séances de bébés nageurs.

1. P. Duret, O. Naria, *Les Réunionnais et le Sport*, Université de La Réunion, 2007.

Les activités proposées par les offices municipaux des sports (OMS) et les services des sports rentrent elles aussi dans une surenchère à la précocité pour attirer et fidéliser la jeune clientèle.

Ainsi, le sport est aujourd'hui un « élément du paysage » des loisirs des Français mais pas nécessairement central ou prioritaire. Les femmes en font quasiment autant que les hommes, mais dans des modalités moins compétitives. Quel que soit le sexe, on fait en 2000 du sport plus longtemps dans le cycle de vie qu'en 1980.

Chapitre II

LES SPECTACLES SPORTIFS

I. – Le spectacle sportif comme théâtralisation de la société

Le spectacle sportif offre l'image idéalisée et embellie qu'une société souhaite se donner d'elle-même. Mais il renseigne aussi sur ce dont nous avons besoin pour réussir dans la vie à la manière d'un drame caricatural (Bromberger, 1995). Par-delà les résultats des compétitions, il invite les spectateurs à discuter de la légitimité des places obtenues. Ainsi le spectacle sportif en dit-il long sur les modes de pensée et les mythes de nos contemporains dans une société concurrentielle.

De quels ingrédients se compose la recette du succès quand on l'envisage assis dans les gradins des stades ? Il faut incontestablement du mérite et savoir tirer son épingle du jeu tout en restant collectif, mais il faut aussi de la chance, et si nécessaire un peu de roublardise.

Le spectacle sportif est d'abord une exaltation du talent. Mythe de la juste concurrence entre égaux (Ehrenberg, 1991), il sert de palliatif symbolique aux inégalités de la compétition scolaire puis professionnelle, en mettant en scène une hiérarchie fondée sur le mérite. Quand nous assistons à une compétition sportive, nous allons donc voir comment un ou des homme(s) ordinaire(s), sans privilège de naissance, se distingue(nt) des autres. Plus les espaces sociaux résistant aux passe-droits se font rares et plus le spectacle sportif constitue une sorte d'espace pur, protégé d'un quotidien corrompu. On repère aussi un lien tenace entre mérite individuel et mérite collectif. Le travail d'équipe et la division du travail ont été intégrés par spectateurs et supporters comme le disent les devises de nombreux clubs, du *E pluribus unum* (« un à partir de plusieurs ») du Benfica de Lisbonne au *You'll never walk alone* (« Tu ne seras jamais seul ») de Liverpool.

Il faut du talent pour gagner un match (comme pour réussir sa vie) ; mais le mérite n'est pas tout, comme le souligne encore C. Bromberger, il faut aussi de la chance. En 1976, les Stéphanois avaient perdu en finale de Coupe d'Europe contre Munich *à cause* des poteaux ; en 1998, la France se qualifie en Coupe du monde contre l'Italie *grâce* aux poteaux. Quand, Aimé Jacquet, entraîneur des tricolores champions du monde de football, ressent les vertiges de la popularité, il se remémore : « Lorsque j'ai un petit moment d'égarement, je repense au tir au but de l'Italien Di Baggio sur la barre transversale. Et s'il était finalement rentré ? Alors je me calme et je me dis : reste humble. »[1] L'aléa réintroduit une dimension essentielle du spectacle sportif en offrant aussi une vision du monde où le destin, les impondérables, les circonstances tiennent une place importante (en particulier pour expliquer les défaites). Insolente dérision du mérite, les facteurs d'incertitudes qui pèsent sur le match « façonnent un monde discutable et donc humainement pensable » (Bromberger, 1995).

Mais quand le sort ou la malchance s'acharne, il reste toujours le recours à la filouterie et à la tricherie dans

1. Cité par J.-J. Bozonnet, *La Revanche d'Aimé Jacquet,* Paris, Le Seuil, 1999.

une sorte de logique compensatoire pour forcer un peu son destin. L'entorse à la règle se justifie par l'insistance de l'infortune. C. Bromberger qui a longuement enquêté dans les clubs de football italiens raconte que les supporters justifient les actions litigieuses de leurs champions en établissant des parallèles entre le cours de leurs existences et les matchs auxquels ils assistent. « Le foot c'est comme dans la vie, disait l'un d'eux, moi je n'ai pas eu de chance j'ai été cocu comme tout le monde », mais il s'empressait d'ajouter « alors j'ai pris des maîtresses » ! La filouterie n'est revendicable que si la malignité des autres en porte la trace. En outre, les supporters se délectent de leur propre mauvaise foi. Quand l'arbitre siffle une faute contre votre équipe, qu'elle soit justifiée ou non, il vous vole ! Mais quand il siffle une faute en faveur de votre équipe, même si elle est injuste, il ne fait que se racheter ! Tout jugement passe par un double standard évaluatif : « Ils sont tricheurs quand nous, nous sommes simplement malins. » Quand l'Argentin Diego Maradona marqua de la main un but contre l'équipe d'Angleterre, favorite du Mondial 1986, il s'en tint pour tout commentaire à réaffirmer : « L'important c'est de marquer. » C'est « la main de dieu », ajoutèrent ses adulateurs pour qui la réprobation envers la tricherie s'effaça bien vite. Ne resta que la complicité admirative envers la ruse de leur héros populaire apte à se débrouiller contre le système de règles en vigueur, comme l'homme du peuple doit savoir se débrouiller contre le système social fait pour les puissants.

Le match de football incarne, comme l'a montré C. Bromberger, une vision du monde à la fois cohérente et contradictoire. Il exalte une compétition juste visant à consacrer par la compétition les meilleurs, mais il souligne aussi le rôle de la chance et, si besoin est, de la tricherie pour parvenir au succès.

Le spectacle sportif n'offre ni une scène parfaitement « pure » ni totalement « juste », c'est parce qu'il est « imparfait », parfois même « injuste » qu'il ressemble à notre expérience du monde lui aussi imparfait, mais dans lequel il nous faut pourtant bien nous débrouiller. Le succès du match tient dans « l'éventail des qualités dramatiques » qui s'y déploie. Dans le temps restreint de la partie, on passe du rire aux larmes, de la colère à la félicité, de l'inquiétude au soulagement, de l'indignation au désespoir, au point de « parcourir tout l'horizon symbolique de nos sociétés » (Bromberger, 1995). Prendre parti pour « son » équipe est une condition nécessaire pour vivre cette gamme d'émotions. La partisanerie, consubstantielle de la passion du match, permet d'exister non seulement en spectateur, mais tout autant en acteur du drame incertain qui se joue. Tous les ingrédients sont là pour qu'il y ait identification, c'est-à-dire passage du « ils » au « nous ». Pourquoi se mettre en colère ou trembler quand l'arbitre siffle un penalty litigieux, si l'on se moque éperdument du sort de l'équipe à qui l'injustice arrive ? L'impartialité est une asthénie de l'émotion. Pour rendre compte de la fièvre qui s'empare des spectateurs, en Italie, ils sont appelés « tifosis » (dérivé du mot « typhus » maladie contagieuse caractérisée par une intense agitation nerveuse et corporelle).

II. – **Le supportérisme**

1. **Le stade : pas une foule indifférenciée mais des « territoires ».** – Les travaux d'ethnologie et d'anthropologie sociale comme ceux, majeurs, de C. Bromberger

sur le football (1995), ceux d'Arjun Appaduray sur le cricket[1], 2001 ou encore ceux de Sébastien Darbon sur le rugby[2] ont montré que la construction des identités locales passe par l'appropriation puis l'exhibition des valeurs que les communautés se plaisent à s'accorder. Les équipes offrent des métaphores expressives de ces identités collectives. Les recrutements de nouveaux renforts ne sont pas dictés par la seule loi de l'efficacité compétitive, mais aussi par la recherche de joueurs capables d'incarner les qualités emblématiques du club. Si à Marseille, explique C. Bromberger (1995), on aime les attaquants à la fois généreux de leurs efforts et quelque peu fantaisistes, c'est qu'ils permettent l'affirmation d'une identité phocéenne offensive et facétieuse. Ainsi, fidèles à la devise centenaire du club *Droit au but*, les dirigeants successifs de l'OM ont plus privilégié comme critère d'achats la virtuosité en attaque que l'abnégation en défense. Ben Barek « la perle noire marocaine », le Suédois Anderson « Monsieur un but par match », Josip Skoblar « le redoutable Yougoslave », Roger Magnusson « le magicien du dribble », Chris Waddle « l'anglais enfant du pays », et le favori d'entre tous, Jean-Pierre Papin reproduisirent sur plusieurs générations cette combinaison de qualités faites de pugnacité virile et de créativité fantasque. D'où le succès de l'expression de Bernard Tapie définissant l'OM par les fameux trois « R » (« Risque, Rêve et Rire ») par opposition aux trois S austères de la Juventus de Turin (Sérieux, Sobriété, Simplicité).

1. A. Appaduray, *Les Conséquences culturelles de la globalisation*, Paris, Payot, 2001.
2. *Rugby d'ici, une manière d'être au monde*, Paris, Autrement, 1999.

L'analyse des catégories sociales des personnes se rendant au stade dément l'hypothèse selon laquelle le spectacle du football ne passionnerait que les seuls groupes populaires. Ainsi, à Marseille, C. Bromberger a pu montrer que les travées du stade reproduisent en modèle réduit la répartition sociale de la ville et de ses contrastes. L'auteur note que les places dans les virages que l'on appelait hier les populaires gagneraient à s'appeler aujourd'hui les « juvéniles » en raison des masses de jeunes supporters qui y affluent. Avec une logique topographique remarquable se regroupent dans le virage nord les jeunes des quartiers nord et dans

Fig. 1. – **La répartition des spectateurs au stade Vélodrome (d'après l'enquête de Christian Bromberger, 1987)**

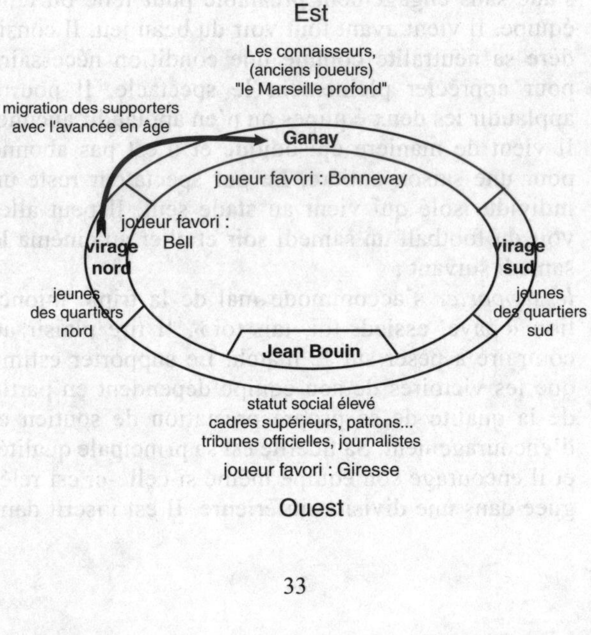

le virage sud les jeunes des quartiers sud. Les supporters ont donc « leur » virage et tout en encourageant l'équipe, ils peuvent fustiger la tiédeur des encouragements prodigués par les autres tribunes. Le stade est donc bien un lieu de passion partagée, mais y règne une forte concurrence pour imposer les façons légitimes d'encourager.

2. **Purs spectateurs, supporters, ultras et hooligans.** – Ils constituent les quatre types de publics venant aux stades, pour des motifs différents. On peut les distinguer en fonction de leur niveau d'activité et de leur type d'organisation :

– *le pur spectateur* se considère impartial et se rend au stade sans engagement préalable pour telle ou telle équipe. Il vient avant tout voir du beau jeu. Il considère sa neutralité comme une condition nécessaire pour apprécier pleinement le spectacle. Il pourra applaudir les deux équipes ou n'en applaudir aucune. Il vient de manière épisodique et n'est pas abonné pour une saison entière. Le pur spectateur reste un individu isolé qui vient au stade seul. Il peut aller voir du football un samedi soir et aller au cinéma le samedi suivant ;
– *le supporter* s'accommode mal de la triple injonction « paye, assieds-toi, tais-toi ». Il tire plaisir au contraire à peser sur le match. Le supporter estime que les victoires de son équipe dépendent en partie de la qualité de sa propre prestation de soutien et d'encouragement. Sa fidélité est sa principale qualité, et il encourage son équipe même si celle-ci est reléguée dans une division inférieure. Il est inscrit dans

un collectif plus ou moins formel. Il va au stade en groupe où y retrouve un groupe ;

– *l'ultra* est plus jeune que le supporter, il est aussi plus organisé. Il consacre plus de temps durant la semaine à l'événement sportif du week-end. Il défend son équipe, mais tout autant son groupe dont il arbore les couleurs, entonne les chants et fait respecter la réputation. La concurrence est à la base des relations avec les autres groupes d'ultras « notre amour pour le club est plus désintéressé que celui des autres », « on est plus courageux qu'eux », etc. À partir d'enquêtes auprès d'ultras effectuées dans plusieurs pays, C. Bromberger détaille les traits invariants des moqueries entre clubs. Généralement, ces groupes s'en prennent moins au niveau de jeu de l'équipe adverse qu'aux conditions sociales des supporters ennemis. Les « tifosis » des régions riches se moquent des plus pauvres. Quand les joueurs de Naples (du Sud déshérité de l'Italie) viennent jouer à Turin (au Nord industrialisé de l'Italie), les « tifosis » turinois brandissent des pancartes disant : « bienvenu en Italie », les Napolitains répondent : « Si c'est ça l'Italie on préfère être africains. » Quand, le puissant club de Manchester accueille le club de Liverpool ville en proie à la récession, ses ultras parodient la devise adverse (*You'll never walk alone*, « Tu ne seras jamais seul ») en la transformant en *« You never get a job »* (« Tu ne seras jamais recruté »). Les « south Winners », un des groupes les plus combatifs de l'Olympique de Marseille, puisent une bonne part de sa détermination dans sa rancune envers les « parigots » nantis à qui ils imputent le marasme économique de la cité phocéenne ;

– *le hooligan*, enfin, se donne en spectacle. L'issue du match sur le terrain devient alors largement secondaire. Pour lui, gagner quel que soit le score de son équipe, c'est triompher dans une compétition parallèle et réussir, par exemple, à occuper une partie de tribune convoitée. Il ne va donc pas au spectacle, le spectacle, c'est lui qui le fait. Les affrontements entre hooligans peuvent ainsi se passer avant, ou après le match, hors du stade. D. Bodin, L. Robène et S. Héas[1] montrent que les hooligans apparaissent en Angleterre dès que le spectacle du match de football n'est plus une pratique familiale sous contrôle du chef de famille. En appui sur les travaux de Norbert Elias et Éric Dunning, D. Bodin (Bodin, 2003) insiste sur l'importance de l'histoire guerrière du groupe hooligans. Les échanges de violence opposent et tout à la fois unissent ces groupes. Ils adoptent des relations de type « vendetta » qui supposent une comptabilité rigoureuse dans le temps des affronts et de leurs réparations. Mais le cycle vindicatif n'est jamais achevé, car ce qui est considéré comme une réparation par les uns constitue un nouvel affront pour les autres.

Les hooligans sont structurés en *figthing crews* (équipes de combat) où chacun tient un rôle précis. Les *aggro-leaders* se spécialisent dans la provocation. L'*aggro-leader* n'est pas forcément un bon combattant, mais il est maître des stratégies de provocation. Les *rowdies* eux sont en premières lignes durant les combats et doivent faire leurs preuves dans les bagarres. Enfin, un troisième type de hooligans, les *casuals,* se distinguent

1. *Sport et violence en Europe,* Conseil de l'Europe, 2004.

par leur violence accrue. Ce processus d'autonomisation par rapport au résultat de la rencontre sportive a été poussé à l'extrême durant la Coupe du monde de football 1998, puisque les hooligans ne rentraient même plus dans le stade, mais restaient à proximité pour se mesurer entre eux.

En France, on dénombre seulement quelques centaines de hooligans, mais les solutions adoptées face à leurs violences ne sont jamais parfaites. La politique de séparation des supporters (la mise en place de grillages) a eu, contrairement à sa visée, un effet d'intensification des violences. Le morcellement du stade a favorisé la territorialisation des tribunes et la constitution de « hauts lieux » à défendre ou à attaquer. En Angleterre, la solution adoptée a été d'augmenter radicalement le prix des places en première division. Ce qui a eu pour effet de vieillir et d'embourgeoiser le public des stades et de déplacer le problème sur les matchs de divisions inférieures.

P. Mignon (1998) distingue deux principales formes de violences racistes des ultras et des hooligans. La première est un racisme sous condition. La seconde est un racisme différentialiste. Dans le premier cas, le racisme n'est activé que si les joueurs font des contre-performances ou font partie de l'équipe adverse. Ainsi, au début des années 1990, les ultras du PSG invectivaient les joueurs noirs de l'OM en les traitant, entre autres, de « Blanche neige » et en leur jetant des bananes alors qu'ils adulaient leur idole Georges Whea pourtant lui aussi Africain. Dans le second cas, les hooligans supposent simplement « que les Noirs et les Arabes n'ont rien à faire dans un stade ». Ils se font les défenseurs de la race blanche. Il ne s'agit pas simplement de se penser supérieur, mais tellement différent qu'on ne peut être mis ensemble.

III. – Sports et médias

1. **Filmer et commenter le sport à la télévision.** – Les premières rencontres sportives retransmises en France au tournant des années 1960 proposaient des images radicalement différentes de celles que nous connaissons aujourd'hui. La retransmission était, selon l'expression de Pierre Sabbagh, une simple « monstration » mais exigeait déjà de se dérouler en temps réel. Pour vibrer et faire le plein d'émotions, le téléspectateur a besoin du direct. Fini le suspense si la diffusion se passe en différé alors que l'issue de la rencontre est déjà connue de tous. En 1959 (alors que 13 % des foyers sont équipés d'un téléviseur), le match de football France-Espagne est couvert durant une mi-temps grâce à des images en noir et blanc provenant d'une seule caméra. Il faut attendre la Coupe du monde de football de 1966 pour que des matchs soient retransmis dans leur intégralité (alors 55 % des foyers français possèdent un téléviseur). Avec une seule caméra, le plan large en plongée s'impose pour suivre les matchs. Le caméraman était contraint de suivre l'évolution du ballon et ne pouvait s'offrir le luxe de s'attarder sur tel ou tel joueur qu'en prenant risque de manquer un but. Le commentateur pris dans l'action ne pouvait guère plus rendre compte du hors champs et ses paroles étaient le plus souvent une simple redondance de ce que l'on voyait à l'écran. Il s'agissait presque d'un commentaire radiophonique. Les gros plans n'étant pas possibles, l'éloignement des joueurs effaçait leurs efforts. Le commentateur se sentait alors tenu, en quelque sorte, de s'emballer pour rendre compte de l'intensité de l'affrontement. De multiples innovations vont être progressivement introduites. Dès 1970, à la

Coupe du monde en Italie, la retransmission est en couleur, des caméras sont placées derrière les buts et dans les gradins. À partir de cette date, l'écart ne fait que se creuser entre ce que perçoit le spectateur venu au stade et ce que voit le téléspectateur. Ce dernier est doté grâce à la multiplication des caméras d'un don d'ubiquité ; il peut adopter plusieurs positions : celle du supporter dans les tribunes et celle de l'arbitre et celle du coéquipier qui vit la partie. En outre, il bénéficie depuis 1972 (finale de la Coupe de France OM-Bastia) du ralenti qui offre une décomposition de l'action et permet de juger des décisions de l'arbitre. Avec plusieurs caméras, on échappe à la simple retransmission pour basculer dans la mise en scène. Plus il peut effectuer des choix entre les angles de prises de vue, plus le réalisateur devient un personnage central permettant non seulement de mieux voir mais surtout racontant sa propre version du match à partir des images offertes à sa sélection. Il ne s'agit plus pour lui de suivre le match mais de le faire vivre. Le nombre de caméras à même de démultiplier le regard est en constante augmentation. Canal + dès 1984 mettait en place des dispositifs comprenant une douzaine de sources d'images. Pour la Coupe du monde de football 2006, on comptait une vingtaine de caméras par match (des caméras miniatures dans les buts aux caméras tyroliennes au-dessus des stades). Les effets de loupe, de superralenti, de fragmentation de l'écran permettent à la technique de se donner à voir pratiquement sans l'intermédiaire d'un commentateur (Vigarello, 2000). Il serait pourtant faux de prétendre que tous ces effets sont au service de la technique. La plupart du temps, ils sont employés pour faire entrer le spectateur dans la dimension psychologique de l'affrontement. Les effets de « loupe », fierté de J. Réveillon à Rolland Garros, servent davantage à rendre compte de la tension des tennismen qu'à décortiquer des gestuelles et leurs finalités techniques. Quand J.-P. Loth analyse les gros plans des jeux de jambes des joueurs, ce n'est pas pour nous faire découvrir les principes du replacement, mais plus subtilement pour y déceler les premiers signes de fatigue comme indices d'un éventuel fléchissement. Le gain de proximité spatiale offert par la prise de vue est recherché pour ce qu'il traduit d'une intimité psychologique. D'où l'intérêt du travail sur les visages lié à la possibilité d'associer des espaces non contigus (par exemple, le visage du gardien de but et celui de son entraîneur avant un penalty). La télévision offre ainsi une variété d'images de plus en plus importante grâce à une surenchère de procédés techniques.

Les commentaires cherchent également à faire varier les points de vue sur les rencontres. Durant les années 1990, Hervé Duthu et Jean-Paul Loth au tennis, Thierry Rolland et Jean-Michel Larqué au football vont reprendre à leur compte le dispositif du tandem de commentateurs inauguré par Roger Couderc et Pierre Albaladéjo au rugby. Couderc enflammé commentait sur un plan affectif (« allez les petits », « c'est Verdun », « la garde meurt mais ne se rend pas ») ; Albaladéjo adoptait en contrepoint un ton distancié « allons Roger, calmez-vous » et donnait des explications pour mieux comprendre la stratégie des équipes et les fautes commises. Au discours chauvin en diable du premier s'opposaient les interventions toujours moralisatrices du second. On retrouve dans les grandes lignes cette dualité avec le tandem Jean-Michel Larqué, ancien international apprécié pour son fair-play, et Thierry Rolland à l'ethos populaire et chauvin. Là encore, un des deux commentateurs prend en charge les remarques techniques avec un ton « pédagogique » posé, quand l'autre, plus enflammé, est responsable de la contagion émotionnelle. Après la distribution initiale des rôles, chacun incarne son style jusqu'à l'autocaricature. Le succès des retransmissions repose alors sur les connivences à l'intérieur même de cette opposition stylistique (aux « tout à fait Thierry » répondent les « exact mon cher Jean-Mimi »).

À partir du milieu des années 1990, au duo attitré de commentateurs va souvent venir s'adjoindre un champion consultant pour élever le niveau d'expertise du commentaire (Jalabert en cyclisme, Douillet au judo, Blanc au football, Leconte au tennis…). Ces « stars » délivrent aussi des anecdotes visant à nous rapprocher des champions. La composition des rédactions en est radicalement transformée. En 1984, Canal + comptait trois journalistes sportifs (Michel Denisot, Charles Bietry et Roger Zabel). En 2005, cette même chaîne compte 65 consultants.

2. **Petites guerres et grands affrontements pour l'audience entre chaînes.** – J.-F. Bourg et J.-J. Gouguet[1] distinguent trois périodes en matière d'offre de sport à la télévision :

- de 1949 à 1974 s'étend une période de *régime administré* où une entreprise publique (la RTF puis l'ORTF) propose un programme, puis deux en 1964, puis trois en 1972. La logique du service public annihile celle de la concurrence ;
- de 1974 à 1984 se met en place un *régime,* qualifié par les auteurs de *semi-concurrentiel.* La réforme de

1. *Analyse économique du sport,* Paris, Puf, 1998.

l'ORTF débouche sur la création de trois sociétés nationales de programmes (TF1, Antenne 2, FR3) qui s'entendent pour harmoniser leurs grilles de programmes. Un partage consensuel s'opère par exemple au sujet des retransmissions sportives, le samedi étant le jour d'Antenne 2, alors que le dimanche revient à TF1. Les chaînes ne sont pas encore entrées dans une logique de spécialisation quant aux sports retransmis ;
– depuis 1984 s'intensifie un régime concurrentiel. À l'offre privée de la chaîne à péage Canal + créée en 1984 vient s'ajouter, en 1987, la privatisation de TF1 puis les réseaux thématiques avec Eurosport en 1989. En 2005, Eurosport est une chaîne européenne qui émet en 17 langues, qui propose à elle seule plus de huit mille heures de programmes.

Le temps consacré aux émissions sportives à la télévision est en constante augmentation (en 1998, le volume global était de vingt-deux mille neuf cents heures et en 2004 de cinquante-six mille cent dix-huit heures). Pourtant sur les chaînes « en clair », il ne représente que 3 % du temps d'antenne. L'augmentation globale est donc essentiellement causée par la multiplication des chaînes thématiques payantes, alors que les volumes des programmes sportifs restent stables sur les chaînes hertziennes.

Chaque chaîne défend une logique spécifique.

TF1 se centre sur un nombre restreint de disciplines, avec le football et la Formule 1 comme fer de lance. Elle diversifie peu son offre sauf à une heure tardive où le magazine *Minuit sport* traite une large gamme de sports.

La télévision publique (France 2, France 3, France 4) traite plus de 30 sports. Cette offre plus diversifiée correspond à une logique de service public. Les retransmissions

Tableau 6. – **Volumes horaires des programmes sportifs sur les chaînes hertziennes**

	1996-1999	*2001-2004*
France Télévision	3 686	3856
TF1	1 377	1 101
M6	256	121
Canal +	4 430	4 412
Total	9 749	9 491

Tableau 7. – **L'offre de chaînes thématiques sportives en France**

Chaînes thématiques sport	*Année de création*	*Opérateur et capitaux*
Eurosport	1989	Eurosport (TF1 majoritaire)
Info Sport	1998	TPS Sport (TF1-M6)
L'équipe TV	1999	L'Équipe
Equidia	1999	PMU
TPS Foot	2001	TPS Sport (TF1-M6)
Sport +	2002	Groupe Canal +
OM-TV	2002	Olympique de Marseille
ESPN Sport	2002	ESPN (filiale Walt Disney)
OL-TV	2005	Olympique lyonnais

sont souvent complémentaires comme au tennis ou en athlétisme où l'on peut suivre le début d'une rencontre sur une chaîne et en voir la fin sur une autre.

Canal +, une des chaînes les plus rentables du paysage audiovisuel français, a assis son succès sur son taux de réabonnement (96 %). Canal + affiche clairement sa priorité à la fidélisation du public, avant de chercher à élargir l'audience. À Canal +, on ne cherche pas à plaire à tout le monde mais à satisfaire ceux qui ont payé. Hormis pour le football, la chaîne ne cherche pas à rivaliser sur le terrain des autres chaînes. Elle s'appuie principalement sur le football, la boxe, les sports américains (foot US, basket NBA) et le rugby. Elle a développé des émissions sportives à succès telles que « Jour de foot » où l'on suit l'ensemble des matchs du championnat et « L'équipe du dimanche » qui reproduit la formule en l'élargissant aux championnats étrangers prenant ainsi en compte la tendance à l'internationalisation du spectacle. La boxe attire un public de connaisseurs et de « mordus » extrêmement fidèles. Les sports américains ont été choisis en prenant en compte les goûts de la jeunesse. Les membres du service des sports de Canal + ont su s'entourer de consultants prestigieux. Enfin, la chaîne réserve une place de choix aux reportages (près de 30 % du temps d'antenne) à côté des simples retransmissions.

Tous les sports ne bénéficient pas également des augmentations du temps d'antenne. Le tennis, par exemple, est en baisse régulière. Il occupait trois cent quatre-vingt-dix-neuf heures d'antenne en 1990, deux cent cinq heures en 1994, cent soixante et un heures en 1999, et uniquement cent soixante heures en 2006. Le rugby qui offrait environ soixante-dix heures jusqu'au milieu des années 1990 a brusquement augmenté jusqu'à compter deux cent quarante-sept heures en 2006 et à occuper une place de choix sur Canal +. Le basket passe de soixante-trois heures en 1990 à cent quinze heures en 1995, à cent quatre-vingt-cinq heures en 1999, pour redescendre à cent soixante-douze heures en 2006. On assiste ainsi à une redistribution des temps d'antenne entre les sports. Certains sports sont surmédiatisés au regard de leur nombre relativement modeste de licenciés (c'est le cas du patinage artistique) d'autres au contraire sont sous-médiatisés comme le judo (avec près de 600 000 licenciés) ou l'équitation (avec près de 400 000 licenciés). Le judo n'a eu droit qu'à 2 h 19' de diffusion sur les chaînes hertziennes en 1999.

La multiplication de l'offre conduit à rendre plus âpres les négociations entre les chaînes et les organisateurs sportifs (LNF, UCI, CIO...), chacune se battant pour avoir l'exclusivité de l'événement. L'effet majeur de cette concurrence est l'inflation accélérée des droits de retransmission. Les droits des Jeux olympiques passent de 287 millions de dollars pour ceux de Los Angeles en 1984, à 1 690 millions de dollars pour ceux de Pékin en 2008. Ceux du mondial de football sont multipliés par 40 de 1982 à 2006. Cette inflation modifie les sources de financement du sport. Aux trois « S » des années 1980 (spectateurs, sponsors, subventions) se substituent les droits télévisuels. Ce qui ne veut pas dire que les spectateurs vont moins au stade, mais que la part relative des recettes des ventes de places aux guichets est de moins en moins importante. Lors des Jeux olympiques d'Atlanta en 1996, l'audience record de 20 milliards de téléspectateurs (en cumulés) avait été donnée pour indépassable. Pourtant deux ans plus tard, elle double pour la Coupe du monde de football en France. Que pèsent alors les 2,5 millions de spectateurs qui ont assisté dans les travées des stades aux différents matchs, face aux 40 milliards de téléspectateurs (en cumulés) qui ont suivi derrière leur écran cette même compétition ?

En outre, la concurrence pour les retransmissions doit se penser au niveau international puisqu'elle oppose des groupes de communication implantés dans de nombreux pays. Ceux-ci s'affrontent au mieux pour l'exclusivité des retransmissions mais au moins pour obtenir un horaire favorable à un fort taux d'audience dans leur pays quitte pour cela à décaler l'horaire des compétitions dans le pays organisateur. Ainsi, les épreuves « reines » en athlétisme comme le 100 m, ou le 400 m sont programmées vers 2 ou 3 heures du matin en Chine aux Jeux olympiques 2008, pour permettre aux téléspectateurs américains (les mieux payants) d'assister, avec le décalage horaire, à ces compétitions en prime time (début de soirée).

Mais les lois de l'audience télévisuelle imposent aussi d'autres contraintes aux spectacles sportifs. Les groupes de médias conçoivent même des événements parallèles aux championnats traditionnels (Goodwill games en athlétisme, les X-games pour les sports de glisse). Les médias sont en mesure d'imposer leurs conditions aux fédérations qui veulent voir leur sport retransmis à la télévision. Ils vont jusqu'à négocier directement avec les joueurs. Ruppert Murdock et Kenny Packer, deux puissants responsables de groupes de médias, illustrent ces deux démarches. Murdock choisit de s'adresser aux trois plus fortes fédérations de rugby de l'hémisphère sud (Afrique du Sud, Nouvelle-Zélande et Australie) pour créer un nouveau championnat dont les rencontres seraient retransmises en exclusivité par sa chaîne. Packer, lui, préfère contacter directement les joueurs en les associant aux bénéfices réalisés par son circuit professionnel en se passant de l'accord des fédérations.

En investissant dans les clubs, les médias exercent une pression grandissante sur les calendriers et sur les règles sportives elles-mêmes. À un premier niveau, les modifications concernent l'imposition de vêtements sportifs favorisant la « téléspectacularisation » (tels les kimonos de couleurs pour remplacer ceux traditionnellement blancs au judo ou encore la substitution du maillot de bain à la place du short pour rendre le volley-ball féminin plus « sexy »). À un deuxième niveau, les règles tendent à calibrer le temps du match en le rendant moins aléatoire (introduction du *Tie-break* au tennis et au volley-ball). Dans ce cadre, les groupes réclament à la FIFA (jusque-là sans succès) de découper les matchs de football en quatre quarts temps sur le modèle du football américain, pour bénéficier de plus de plages publicitaires. Enfin à un troisième niveau, ce sont les règles du jeu elles-mêmes qui sont modifiées pour le rendre plus vivant ou plus spectaculaire (comme la règle du portage en touche au rugby ou le panier à trois points au basket qui rend les fluctuations de score plus rapides et augmente de ce fait l'incertitude des rencontres).

Les médias n'obligent certes pas directement à changer les règles mais ils mettent les fédérations qui veulent passer à l'écran dans la position de s'adapter, voire d'anticiper sur leurs demandes pour espérer être médiatisées.

IV. – Les fonctions politiques du spectacle sportif

Le sport est donné par les institutions qui le promeuvent comme politiquement neutre et porteur d'idéaux universalistes au service de la fraternité entre les peuples. En contrepoint de ses déclarations, le sociologue J.-M. Brohm fondateur de la « critique radicale du sport » attribue au spectacle sportif trois principales fonctions.

Premièrement, les grandes rencontres sportives (Jeux olympiques, coupes du monde, etc.) servent avant tout à ses yeux de paravents aux régimes bafouant en toute impunité les Droits de l'homme. C'était déjà le cas lors de la Coupe du monde de football de 1934 où les succès de la *Squadra azzura* furent présentés, sans réel démenti, comme des preuves de supériorité du fascisme sur les démocraties. C'était encore le cas lors des JO de Berlin (1936) qui symbolisèrent la caution des démocraties envers le régime nazi (qui venait pourtant de promulguer les lois de Nuremberg). Même fonction d'occultation de la barbarie en 1968 aux JO de Mexico, quand les records olympiques firent oublié les étudiants morts sur la place des Trois Cultures. Idem en 1978, en Argentine, où le *Mundial* de football fut organisé par la junte fasciste du général Jorge Rafael Videla au nom de la « liberté de jouer ». Toujours le même procédé, lorsque l'Institution olympique accepta d'organiser les JO à Moscou en 1980 alors que les Soviétiques envahissaient l'Afghanistan et que leurs dissidents étaient massivement déportés dans les goulags. L'olympisme défenseur du pacifisme ? Comment croire à un tel « humanisme de pacotille » (Brohm, 2006), sans se soucier de son prix en cadavres ? Face à ce constat, J.-M. Brohm a organisé plusieurs comités de boycott des grands événements sportifs. Évidemment aux JO de 2008, en Chine, seront oubliés les camps de travail, les mensonges d'État, l'occupation du Tibet, la répression sanglante de la place Tian'anmen, les exécutions publiques, la « normalisation » de Hong-Kong... Les festivités olympiques servent d'exercice de propagande pour les régimes totalitaires. L'auteur suggère que le spectacle sportif a ainsi contribué à renforcer l'ordre établi dans toutes les dictatures.

Deuxièmement, le spectacle sportif a aussi pour Brohm une fonction de diversion face aux conflits politiques et sociaux. Ce nouveau *Panem et Circences* (« Du pain et des jeux ») vise la dépolitisation. Le spectacle sportif est une aliénation des masses. Il endort la conscience critique. Le sport est alors pensé comme un « opium du peuple », sorte de puissant narcotique des spectateurs « crétinisés » (Brohm, 1992, 2006).

Troisièmement, pour Brohm le spectacle sportif a une fonction d'embrigadement. C'est un facteur de moblisation chauvine en temps de paix. Le spectacle organise systématiquement l'identification entre un pays et ses champions. Or, les champions sportifs se situent très majoritairement à droite de l'échiquier politique. L'auteur suggère une concordance psychopolitique entre les structures caractérielles des sportifs de haut niveau et les idéaux du capitalisme. À ce titre, le spectacle du sport serait un puissant véhicule de l'idéologie de droite, la politisation du sport s'accompagnant de la « sportivisation » du monde social.

Mais les textes de J.-M. Brohm ont, à leur tour, subi un ensemble de critiques visant à rendre plus difficilement tenable sa position.

Premièrement, le sport n'est pas au service exclusif des états totalitaires. Les rencontres sportives peuvent être de puissants catalyseurs des revendications contestataires. C. Bromberger rappelle ainsi qu'en 1958, l'équipe du FLN, composée de joueurs célèbres ayant déserté le Championnat de France a fait des tournées dans le monde pour défendre la cause de l'Algérie. Quelques mois après la victoire de l'équipe de football d'Argentine en 1978, dont la junte militaire escomptait effectivement tirer des bénéfices idéologiques, un ensemble de manifestations se déroula dans les stades où les mêmes supporters scandaient *« Se va acabar, se va acabar, la dictatur militar ! »* (« elle va se terminer, elle va se terminer, la dictature militaire ») [Bromberger, 1998]. La Coupe du monde de rugby en Afrique du Sud a été l'occasion pour Nelson Mandela de faire valoir un pays sans apartheid et pratiquant la politique du pardon… On pourrait multiplier les exemples et il est clair que le spectacle du sport n'est pas, en soi, une régression fascisante. D'ailleurs, si le sport déclenche une telle passion, c'est que comme le note A. Ehrenberg (1991) en citant Da Matta : « Nul ne peut être promu vedette en sport par sa famille, par son compère ou par décret présidentiel. Il faut y faire ses preuves ; c'est une expérience rare dans une société dans laquelle celui qui est bien né est né tout fait. »

Deuxièmement, les spectateurs ne sont pas les marionnettes fanatisées, soumises à la loi des foules (c'est-à-dire ayant abdiquées toute conscience individuelle) décrites par J.-M. Brohm. Ni plus ni moins que quiconque, les amateurs de sports ne sont des « idiots culturels » incapables de distance sur leur propre engagement partisan.

Troisièmement, les sportifs de haut niveau sont peut-être majoritairement de droite, mais les grandes figures emblématiques du sport français offrent une répartition plus équilibrée sur l'échiquier politique. Pour un Bernard Laporte, un Pierre Villepreux et un Daniel Herrero, pour un David Douillet, un Yannick Noah, pour un Guy Drut, un Roger Bambuck, pour un Jean-François Lamour, un Lilian Thuram… Une des raisons du succès du spectacle sportif c'est de montrer qu'il faut de tout pour faire un monde.

Quatrièmement, on ne peut ignorer que le sport contribue au processus de pacification des mœurs décrit par Nobert Elias. Dans son modèle évolutionniste, l'auteur montre que les progrès de l'autocontrainte de la violence individuelle connaissent au cours des siècles plusieurs grandes étapes. La plus importante (Elias, 1973) reste le passage de la société féodale (où la puissance économique des seigneurs dépend de leur puissance militaire) à une société de cour (où le roi devient le seul détenteur de la violence). La « curialisation » des chevaliers contribue à leur domestication. La révolution industrielle va, au XIXe siècle, constituer une autre étape décisive. Entre l'homme et la matière, il n'y a plus seulement des outils avec lesquels on peut taper tout son saoul, mais des machines dont il faut prendre grand soin. Il convient donc d'apprendre à se contrôler. Puis vient le sport qui, pour Elias et Dunning (1994), parachève ce long processus. En effet, d'une part, le sport demeure certes dans notre société un des rares lieux « soupape » où tout citoyen peut légitimement exercer une violence qui lui est refusée le reste du temps. Mais d'autre part, le sport n'est pas uniquement un lieu de régression, car la violence qui s'y exprime n'est ni absolue ni totale ; elle doit au contraire jouer avec la règle, d'où sa fonction de « décontrôle contrôlé » de l'individu. Les premières lignes au rugby peuvent se donner sans vergogne des coups de tête à chaque entrée en mêlée, cela ne leur donne pas le droit pour autant de se faire justice eux-mêmes s'ils sont victimes d'un hors-jeu. Tyson peut échanger avec Hollyfield autant de coups de poing qu'il veut, cela ne lui donne pas pour autant le droit de lui morde l'oreille.

Si l'on se passionne tant pour les rencontres sportives et leurs champions, c'est parce qu'elles permettent de discuter de la grandeur et de ses principes moraux. Loin de proposer une éthique rigide, le spectacle sportif est le lieu où se retracent en permanence les lignes de démarcation entre l'admirable, le banal et l'intolérable.

Chapitre III

INTÉGRATION SOCIALE PAR LES SPORTS

Le souci de développer l'intégration sociale pour prévenir les flambées de violences dans les cités a, depuis une vingtaine d'années, fait du sport un outil privilégié de la trousse d'urgence de régulation des quartiers sensibles. Dès les troubles de l'été 1981 aux Minguettes, le sport a immédiatement servi de « panacée miracle » indispensable dans la panoplie des mesures d'urgence contre la violence.

I. – Répondre à l'urgence

Pourquoi le sport est-il si présent dans les actions d'intégration envers les quartiers relégués ? Sans doute parce qu'il met en scène un modèle idéalisé de lien social où la compétition n'empêcherait pas la solidarité. Les jeunes y apprendraient à fournir des efforts, à devenir citoyens et à assumer leurs responsabilités (c'est-à-dire en définitive à admettre leur sort sans trop s'en plaindre). Plus que tout, il offre face aux violences médiatisées une réponse tout aussi spectaculaire et « médiatisable ». Contre feu aux violences urbaines, il permet de tracer immédiatement une ligne de démarcation (illusoire) entre les jeunes eux-mêmes : les « bons » feraient du sport et les « mauvais » non. Ainsi, dès 1982, furent lancées les premières « opérations anti-été chaud ». Dans les années 1990, les hommes politiques quel que fût leur parti (aussi bien Frédérique Bredin ministre socialiste que Éric Raoult ministre alors RPR) vont relayer ces clichés radieux[1]. Les gouvernements successifs ont fait prévaloir la médiatisation des actions plutôt que leur évaluation. La rentabilité des dispositifs estivaux était interrogée sous l'unique angle quantitatif du nombre de jeunes ayant participé aux actions d'animation. Ainsi ont été plus souvent favorisées les grandes journées de rassemblements sportifs (de type « *Mondialito* des banlieues ») que des soutiens pérennisés dans la durée à de petites associations. De nombreux chercheurs ont souligné que le sport dans les banlieues ne suffisait pas à lui seul à donner un sens à la vie des jeunes qui y résidaient, ni même à favoriser leur entrée dans l'âge adulte. Ces productions scientifiques ont dénoncé au cours des années 1990 le grand écart entre les belles déclarations de principes et les limites pratiques rencontrées sur le terrain social. En 1994, P. Duret et M. Augustini dans *Sports de rue et insertion sociale* soulignaient que la sociabilité des jeunes n'est pas prioritairement structurée par leurs amitiés sportives mais d'abord par d'autres réseaux (familiaux, de voisinage, scolaire) et que le plus souvent s'opère une concurrence entre ces différentes influences. En 1995, M. Anstett et B. Sachs[2] coordonnaient un ouvrage collectif où les contributeurs portaient

1. G. Chevalier, « Volontarisme et rationalité de l'État », *Revue française de sociologie,* XXXVII, 1996, 209-235.

2. M. Anstett, B. Sachs, *Sports, jeunesse et logiques d'insertion,* Paris, La Documentation francaise, 1995.

un jugement critique sur le sport comme « poudre aux yeux » et « écran de fumée » masquant les « vrais » problèmes d'insertion économique liés au chômage et à une sous-qualification touchant une bonne part des familles des quartiers sensibles. En 1996, P. Chantelat, M. Fodimbi et J. Camy montraient quant à eux que les pratiques auto-organisées (péjorativement désignées jusque-là de « sport sauvage ») sont porteuses de leur propre organisation. Le sport « informel » ne signifie en rien que ces espaces soient sans organisation, mais que leurs « formes sociales » (au sens de G. Simmel) ne reposent pas sur des instances extérieures et adultes. En 2000, M. Clément[1] s'intéressait à travers l'analyse des actions menées à Vaulx-en-Velin, à l'évolution des rapports entre adolescents et adultes. Tant que les adultes sont assimilés à l'institution qui les emploie, les résistances à leur égard sont manifestes, par contre dès qu'ils abandonnent leur identité statutaire et dévoilent leur identité personnelle, des liens durables peuvent se tisser. En 2005, M. Falcoz et M. Koebel[2] montraient que la transférabilité des vertus supposées du sport à d'autres domaines de la vie sociale est davantage de l'ordre du mythe que des réalités avérées. Tous ces constats contrastent avec ceux des évaluations institutionnelles confiées aux directions départementales de la jeunesse et des sports qui attribuent des effets bien plus positifs au sport sans être en mesure pour autant de les évaluer précisément. Depuis les émeutes urbaines de novembre 2005 (voitures brûlées en série), les dispositifs sportifs de

1. M. Clément, *Sports et insertion,* Voiron, PUS, 2000.
2. M. Falcoz, M. Koebel, *Intégration par le sport : représentation et réalité,* Paris, L'Harmattan, 2005.

proximité ont été renforcés dans 750 quartiers répertoriés comme « quartiers urbains sensibles ». Ceux-là bénéficient de politiques municipales spécifiques (gymnases ouverts de manière prolongée, animations sportives continues les mercredis et l'été, implantation de *city stades*). Toutefois, ces dispositifs ont souvent été mis en place sur les décombres des clubs sportifs traditionnels plus qu'avec leur aide. Quand ces derniers n'ont pas tout simplement déserté ces territoires.

II. – Deux formes spécifiques d'engagement sportif

Liés au monde sportif fédéral, les rapports des directions départementales de la Jeunesse et du Sport ont eu tendance à accentuer le clivage entre deux formes de pratiques : les sports en clubs et les sports de rue. Certes des différences sont aisément repérables. Les deux formes de pratiques reposent sur deux temporalités bien distinctes. Le temps du sport en club est structuré par l'alternance entre entraînement et compétition. Le sport de rue n'est conçu et vécu que pour entretenir le plaisir du jeu le plus longtemps possible. Le match lui-même oppose la stricte standardisation des règles en club à leur caractère malléable dans la pratique de rue. Ainsi, le football « de pied d'immeuble »[1] ou « d'esplanade » (Trémoulinas, 2007) emprunte au football officiel mais s'en démarque sur des points cruciaux (arbitrage négocié, début et fin de partie négociés, nombre de joueurs variables). Si le sport de rue laisse la porte ouverte aux négociations en cours de match, c'est pour préserver jusqu'au bout l'intérêt de la

1. M. Travert, *L'Envers du stade,* Paris, L'Harmattan, 2003.

compétition en prolongeant l'incertitude de la rencontre. Ce que le temps long de plusieurs saisons de compétitions institutionnalisées a permis (c'est-à-dire la mise en présence de rivaux quasi égaux) se négocie ici en l'espace d'un après-midi. Pour atteindre cet objectif, on peut jouer à six forts contre huit faibles, ou faire changer un joueur d'équipe en cours de partie s'il déséquilibre trop le rapport de force entre les deux équipes. L'arrêt de la partie dépend parfois de circonstances extérieures. La durée des matchs n'est pas toujours déterminée en fonction d'un temps prévu en minutes mais d'un événement attendu (par exemple l'arrivée inopinée d'un grand frère qui aura besoin de l'aide des joueurs, où le retour d'un copain avec un DVD que tout le groupe ira voir). Un joueur peut aussi s'arrêter en cours de jeu sans que le match ne s'arrête.

Le calendrier sportif du club et le championnat s'opposent à la logique de la surprise renouvelée dans la rue. En club, les matchs tirent tout leur attrait du classement qui peut se lire comme une histoire avec ses péripéties et ses rebondissements. De semaine en semaine, les rencontres rythment l'existence du joueur. Il peut se projeter dans la saison et se cramponner à ses objectifs. À l'inverse, le joueur de rue ne se mobilise que par rapport à des défis ponctuels au coup par coup. Il serait pourtant bien naïf de nier l'existence de modes compétitifs hiérarchisant au niveau même de la rue.

Ainsi, au basket *street-ball*, les meilleurs jeunes, qui gagnent en semaine les rencontres au pied de leur immeuble, vont tenter leur chance le week-end sur les *playgrounds* prestigieux situés généralement dans des parcs des centres-villes. L'antagonisme entre pratique de proximité, souvent synonyme de repli sur le quartier, et mobilité spatiale renvoie donc à une sélection par l'excellence.

Tableau 8. – **Différences entre le basket de club et le basket de rue**

	Basket en club	*Basket de rue*
Cadre réglementaire	Cinq joueurs sur le terrain plus des remplaçants Deux paniers, terrains standardisés Règles fixes et standardisées Arbitrage extérieur, présence d'adultes, règles fixes	Nombre de joueurs variable (possibilité de jouer en déséquilibre numérique) Possibilité de jouer sur un demi-terrain sous un seul panier, dimensions aménageables Règles négociables
Objectifs	Rupture avec le temps quotidien (les vestiaires comme sas) Progresser : exercices d'échauffement et plus d'entraînement que de matchs Valorisation du jeu collectif et de la marque Horaires, durées et fréquences d'entraînement fixes	En continuité avec le temps quotidien (je pose mon sac et je joue) Jouer : pas d'échauffement ni entraînement spécifique Valorisation des actions individuelles spectaculaires Horaires, durées et fréquences instables
Temps de compétition	Calendrier en début d'année pour la saison Engagement « moral » pour une saison Programmation en fonction des matchs importants Promotion des meilleurs et relégation des derniers Diffusion des résultats dans les médias	Défi ponctuel au coup par coup Hiérarchisation limitée à la réputation locale Diffusion des résultats par la rumeur et le bouche à oreille

Source : Duret, Augustini, 1994.

Dans ces « hauts lieux », les matchs reposent sur une fiction démocratique car si tout le monde peut accéder à l'aire de jeu en prenant son tour pour affronter les gagnants du match précédent, seuls les plus forts occupent le terrain toute la journée alors que les plus faibles ne le foulent, parfois après plusieurs heures d'attente, que le temps de se faire battre à plate couture.

M. Travert a mené une étude ethnographique sur le football « pied d'immeuble » dans le quartier de Sainte-Muse sur la commune de Toulon qui lui a permis de repérer une grande diversité de formes jouées. Ainsi, l'auteur identifie le « goal à goal » où l'effectif n'est que de deux joueurs défendant chacun une cage sans utiliser les mains. À trois joueurs, il est possible de jouer à « une minute » en défendant successivement chacun une porte de garage durant ce laps de temps ; encaisser un but oblige à rester gardien (poste moins envié qu'attaquant) une minute supplémentaire. Autre formule : « le cul », où il s'agit de viser à tour de rôle une cible ; celui qui échoue se colle au mur et présente son postérieur à ses camarades qui chacun à leur tour lui shoote dessus. L'auteur signale aussi le « football suisse » dénommé ainsi en raison de la neutralité du gardien qui défend l'unique cage attaquée par deux équipes, le « tennis ballon » qui oppose deux groupes séparés par un obstacle chacun essayant de faire tomber la balle dans le camp des adversaires sans que ceux-ci ne soient en mesure de la retourner. La singularité du foot dans la cité réside donc en premier lieu pour M. Travert sur la diversité des formes de jeu. Il insiste également sur la complexité de l'aménagement spatial des parties. En définitive, le « foot pied d'immeuble » suppose qu'un ensemble de conditions temporelles, spatiales et humaines soient réunies. Les joueurs parvenant à cette construction savent à quel point le jeu est précieux ; aussi les règles qu'ils mettent en place visent avant tout à ne pas s'arrêter de jouer. La victoire, constate l'auteur, n'est plus la finalité du jeu, elle ne fait que le tonifier. La jubilation atteint son comble, non lorsqu'un but est marqué, mais lorsqu'un « petit pont », une « roulette » ou une « aile de pigeon » sont réussis. Dans la cité, on ne s'oppose pas pour s'imposer mais, comme le note

Tableau 9. – **Différences entre football de club et football « pied d'immeuble »**

	Foot de club	*Foot « pied d'immeuble »*
L'âge	Homogène : catégories minimes, cadets, juniors…	Hétérogène : écart d'âge durant un même match
Niveau technique	Relatif nivellement	Grande disparité
Flux des joueurs	Important à l'intersaison	Repli sur son groupe
L'espace privilégié	L'espace libre à proximité du but adverse	La proximité avec l'autre permettant de s'opposer
Devenir soi	Porter un numéro	Porter un surnom
Nature de l'activité	Tenir une fonction	Jouer un rôle
Le but	Marquer	Gagner des duels
Résultat	Quantifié	Estimé
Gestes favorisés	La passe et le shoot	Le dribble et l'acrobatie
Règlement	La règle crée le jeu	La règle c'est de jouer

Source : D'après M. Travert, *L'Envers du stade*, L'Harmattan, 2003.

l'auteur, « on se pose en s'opposant ». Le football des cités repose sur des critères d'inclusion.

En outre, il était intéressant d'étudier comme l'ont fait S. Cubizolles[1] et Trémoulinas (2007) le rôle du sport dans l'intégration, non plus des adolescents des quartiers sensibles, mais dans celle des jeunes adultes.

S. Cubizolles replace l'engagement sportif d'un groupe de jeunes adultes dans le cadre général de leurs autres investissements (familiaux, amoureux, professionnels). Cette enquête montre comment des individus de 25-30 ans organisent leurs différents temps sociaux afin de se ménager des créneaux pour soi. Le caractère « informel » du

1. *Les Envols du moi,* thèse, Université de La Réunion, 2005.

match le fragilise et fait qu'il est régulièrement remis en question. L'absence de dimension officielle en fait une activité en pointillé, aisément amovible et qui peut disparaître des emplois du temps au profit d'autres impératifs jugés « prioritaires ». Bien que ces jeunes adultes défendent la régularité de leur participation, la flexibilité des effectifs (qui n'impose aucun devoir de présence) leur permet de jongler avec leurs diverses obligations. L'assiduité varie selon que le jeune adulte cumule plus ou moins certains traits de la position statutaire d'adulte (comme avoir un travail, ne plus habiter chez ses parents, être en couple, posséder une voiture). Suivant l'étape à laquelle le jeune est rendu dans ce processus de passage à l'âge adulte, le football du dimanche matin fait figure de plage de détente conquise sur le labeur incessant, ou à l'opposé, pour ceux dont le quotidien est fait de nombreux temps morts, comme une activité bouche-trou. Dans les deux cas cependant, la partie sert aux joueurs à s'alléger des soucis du train-train quotidien, et constitue un moment privilégié de rééquilibrage de l'estime de soi.

Analysant les différentes dimensions de la construction identitaire, ce travail aboutit à cinq conclusions. La première permet de comprendre comment se crée un lien durable à moindres contraintes et sans obligation. S'ils viennent jouer au foot le dimanche matin, c'est parce que les membres de ce groupe peuvent s'imaginer et se vivre « tous comme des rois ». L'admiration en miroir laisse à chacun la liberté de se raconter sa propre histoire. Ils « s'entre-mythifient » sans réclamer de hiérarchisation. La deuxième conclusion permet de comprendre comment gommer l'obligation tout en réclamant la présence. Étant sa propre figure d'engendrement, le joueur du dimanche matin a besoin de se mettre en scène et d'être confirmé par les autres pour exister. La troisième conclusion concerne la question de la continuité ou de la rupture dans la construction de soi. Est-ce que venir jouer au football le dimanche matin revient à prolonger ce que l'on était le reste de la semaine ou est-ce que c'est chercher à devenir quelqu'un d'autre. Pour que le soi rêvé soit « efficace », il faut qu'il soit assez proche de ce que chacun pense être au quotidien. Il y a une exigence de cohérence si ce n'est de permanence. La quatrième conclusion montre que l'identité personnelle peut prendre la forme d'une identité collective. Chacun, à l'intérieur du groupe, en supportant un des différents clubs des championnats européens permet de reconstruire le monde du football en miniature. Chacun détourne au profit de sa propre identité personnelle le prestige d'un grand club. La cinquième conclusion concerne le rapport au temps. Ces jeunes ont parfaitement intégré la logique de la hiérarchisation sociale par l'indisponibilité temporelle. Prétendre avoir un emploi du temps surchargé (même si cela n'est pas vrai), se plaindre d'être toujours pris, de ne pas pouvoir venir jouer ou d'arriver en retard deviennent des éléments marquant la puissance et l'intégration sociale.

Une étude de A. Trémoulinas (2007) complète les résultats précédents. Elle concerne le rôle du « foot d'esplanade » dans l'intégration de jeunes travailleurs au sein de leur groupe professionnel. Ce type de football repose sur la base d'interconnaissances professionnelles. Elle est réalisée à partir de trois terrains d'enquête : auprès d'employés de banque à Paris (terrain Pershing), et d'ouvriers à Saint-Étienne (terrain Méons et terrain Estavillière). L'esplanade comporte un grand nombre de terrains (12 à Pershing, 9 à Méons, 7 à Estavillière).

L'accès au terrain ne devrait donc pas poser les mêmes problèmes que dans le foot « pied d'immeuble » où un coin de parking sert d'unique terrain de jeu. Pourtant, on ne peut pas rentrer sur le terrain à Pershing chez les « banquiers » sans connaître un des leaders du groupe (flatté d'être pris comme objet d'étude d'une thèse). Sur les terrains stéphanois, l'enquêteur ne bénéficiait pas d'une telle proximité culturelle, on lui a dit de rentrer dans telle équipe sans lui demander son avis ; mais on l'a fait jouer tout le temps. Les ouvriers stéphanois acceptent donc tout le monde, leur conception de l'accueil répond à une valeur centrale à leurs yeux : la générosité (mais en contrepartie, ils sont assez dirigistes). Les « banquiers » parisiens eux favorisent l'entre-soi et ont le moins possible recours à des joueurs « extérieurs » à leur groupe. Se présenter comme universitaire et futur enseignant a servi d'atout au chercheur dans son intégration auprès du groupe des « banquiers ». Cela déchaîna des réactions de moqueries auprès des ouvriers (« c'est normal qu'il ne soit pas fatigué, il est prof il fout rien de la semaine »). L'intégration légitime chez les ouvriers a été liée aux qualités viriles de l'enquêteur (« il faut savoir jouer physique ») et à son style rigoureux (« ne pas gaspiller les ballons »).

III. – Des disparités persistantes

Les freins à l'engagement des jeunes des cités dans le sport en club sont multiples. Le premier d'entre eux tient à leur volonté de protection de l'estime de soi. Suffisamment malmenés dans d'autres univers (scolaires ou familiaux), les jeunes ne souhaitent pas être remis une fois encore en question. Or, dans un club sportif, on vient pour apprendre, ce qui revient à admettre que l'on ne sait pas et que l'on est prêt à se plier à un long processus où le plaisir de jouer sera différé au profit de l'entraînement. Qui plus est, personne n'a la garantie d'accéder au terrain, en effet, seuls les meilleurs joueront alors que les autres (les remplaçants) les regarderont. Dans la cité, au pied de son immeuble, on vient au contraire moins pour apprendre que pour le plaisir immédiat du jeu et pour être reconnu et confirmé dans une activité où l'on s'accorde déjà quelques compétences. L'accès au terrain improvisé ou à l'équipement de proximité est offert en fonction du lien que les joueurs entretiennent entre eux au quotidien (untel a le droit de jouer non pas parce qu'il est le meilleur ou qu'il a payé une licence mais parce qu'il est de « mon » quartier, de « ma » classe, de « mon » immeuble, ou encore parce que c'est mon cousin). Hors du club, il faut d'abord se connaître pour jouer, alors qu'en club c'est en jouant qu'on apprend à se connaître. D'où un contresens fréquent : les jeunes des cités ne viennent pas au club sportif pour se faire des amis, bien au contraire, ils risquent d'y perdre de vue ceux qu'ils ont dans la rue.

Deuxième frein au passage du sport de rue au sport en club : les entraîneurs ont souvent une perception hiérarchisant le sport fédéral à leurs yeux, le seul légitime et dévalorisant le sport de rue relégué au rang de défoulement peu sérieux. Il va sans dire que cette conception où la seule démarche possible serait d'amener les jeunes de la rue au club ne va pas de soi pour les joueurs de rue. Le basket de type « street ball » fournit un bon contre-exemple d'inscription sociale montrant que les frontières entre la rue et le club peuvent se franchir dans les deux sens. Bien plus qu'une passerelle à sens unique, il a pu amener la jeunesse « traditionnelle » à adopter le comportement des jeunes des « quartiers ». Le basket « street ball » a déteint sur le basket classique.

Troisième frein, celui des transformations spatiales de certains quartiers devenus des espaces de plus en plus ségrégués, où les relations de voisinage avec les autres quartiers se sont notablement durcies imposant ainsi des frontières hermétiques. D'où la tentation d'un repli sur soi et d'un sport uniquement « entre soi ».

IV. – Enracinement ou mobilité : deux modèles d'intégration

Tous les sports ne sont pas équivalents du point de vue des conséquences sur la réussite et donc des modèles sociaux qu'ils offrent. Les sports collectifs portent une exigence « centrifuge », il faut quitter son quartier pour devenir quelqu'un ; le succès y est synonyme de départ. Hormis dans les rares clubs comme celui de football de Noisy-le-Sec (monté grâce aux frères Sandjak en division nationale avec des joueurs de banlieue), les champions ne consacrent pas une identité locale mais célèbrent le destin exceptionnel de celui qui, au contraire, a réussi à s'extraire de la gangue de la cité. À l'inverse, les sports de combat « pieds-poings » (comme le full-contact, le kick-boxing ou la boxe thaï) fournissent nombre de champions du monde restant à même « leur » cité. À l'opposé des exploits des lointains héros « en images » (Zidane, Parker) dont les reportages donnent une impression trompeuse de facilité, le spectacle de l'entraînement du héros de proximité, héros « en chair et en os », ne cache rien des efforts à fournir pour progresser. Alors que sur les DVD jamais une vedette comme Michaël Jordan ne semble souffrir, inversement, dans la salle où s'entraîne Abdel el-Quandili, plusieurs fois champion du monde de boxe « pieds-poings », tous les novices peuvent mesurer l'intensité de la discipline à laquelle il s'astreint. Ces champions de proximité dotés d'une double compétence relationnelle et sportive, jouissent d'un grand prestige local. Les compétences relationnelles de l'entraîneur « grand frère » dès les années 1990 se repèrent essentiellement dans l'agilité à articuler norme de commandement et norme de négociation. Basée uniquement sur le commandement, l'intervention de l'aîné peut rapidement passer comme une forme de manque de « respect » ; mais fondée au contraire uniquement sur la négociation elle peut aussi vite être perçue comme de la faiblesse. En outre, ces entraîneurs avaient compris que la question de l'intégration est moins celle de la création ou non de clubs sur des bases communautaires que celle de leur ouverture à tous.

Dans les années 1990, les « grands frères entraîneurs » tenaient un rôle majeur dans les cités. Admirés et respectés, ils constituaient pour les jeunes de puissants modèles identificatoires. Durant cette période, ce type de « grands frères » fondèrent des associations, comme Sport-insertion-jeune de El-Quandili. Ils se regroupèrent en réseaux comme celui intitulé « Droit de cité » (DDC), présidé par J.-P. Masdoua, et qui compta jusqu'à plus de 250 dirigeants d'associations de quartiers. On perçoit aujourd'hui une certaine désillusion chez ces animateurs infatigables du sport des quartiers. Force leur est de reconnaître que des contre-modèles les « bads grands frères » se sont imposés. La dégradation globale de la situation sociale des jeunes des cités et la montée de nouvelles formes de violence (notamment contre les filles), l'emprise grandissante des « bads » (qui font miroiter l'argent facilement acquis) pèsent sur le moral de ces missionnaires condamnés « à faire de la résistance ». La salle de sport ne se définit plus en symbiose avec le quartier mais en opposition avec la violence de la rue ; elle est moins un lieu de rencontre ouvert qu'un havre dont les accès sont filtrés, un îlot de sociabilité protégée. Les boxes pieds-poings promeuvent, en outre, le retour d'une justice sans intermédiaire. Leur regain d'intérêt tient sans doute à la place primordiale accordée au KO qui équivaut à rendre l'épreuve plus juste en la soustrayant à l'appréciation (toujours sujette à contestation) de l'arbitre. L'engouement extraordinaire des jeunes de banlieues (60 % des licenciés nationaux) pour les nouvelles formes de boxes comme le kick-boxing, la boxe thaï, ou le full-contact (au détriment des arts martiaux traditionnels), renvoie à leur volonté très marquée de donner le moins de poids possible à l'arbitrage.

Si les modèles locaux d'intégration par le sport sont remis en question, les modèles nationaux ne vont pas plus de soi. Le sport joue certes son rôle dans la tradition d'intégration républicaine. Un exemple idéalisé de ce modèle d'intégration « à la française » a été fourni par les joueurs « Black-Blanc-Beur », champions du monde de football en 1998, puis finalistes en 2006, qui une fois endossé le maillot de l'équipe de France, devenaient avant tout « les Bleus ». À la fois différents et unis sous l'uniforme républicain qui masquait le temps du match leurs autres identités, ils symbolisaient la France plurielle. Or, il n'a pas fallu attendre longtemps pour voir les limites d'un tel modèle. Vinrent d'abord les incidents du match de football France-Algérie au Stade de France en octobre 2001. Lors des hymnes nationaux, la Marseillaise fut abondamment sifflée par les jeunes des cités voisines venus aux stades avec le drapeau algérien. Puis durant le match les Français sont hués. À la 76e minute, alors que le score est de 4 à 1 en faveur des Bleus, les jeunes envahirent le terrain et mirent un terme prématuré à la partie. Aucun mort, aucun blessé, un débordement bon enfant en forme de pied de nez espiègle, mais aussi un reniement en direct du drapeau tricolore. Siffler l'hymne national, peut-on rêver plus insolente affirmation du refus de s'intégrer ? Ces turbulences, largement exploitées par l'extrême droite marquent, dans une plus juste mesure, les limites bien réelles du rôle des champions dans l'intégration des jeunes. Puis vinrent les publicités qui, loin de s'appuyer sur l'ensemble de l'équipe, jouèrent à travers certaines de ses stars sur la fibre communautaire des jeunes consommateurs. Que l'on se rappelle de la publicité Danette « On remet ça ? » avec Wiltord et Anelka (les deux compères « blacks ») ou de celle pour Adidas avec « la Trézéguet squad » contre la « Cissé team » (les beurs contre les blacks). Le modèle républicain est donc aussi attaqué par le marketing prenant le sport pour support.

V. – Les coupes du monde de football 1998 et 2010 et les modèles d'intégration

Les équipes nationales de football sont souvent présentées comme symbolisant les valeurs de leur pays. La rigueur disciplinée allemande, la créativité offensive brésilienne, l'engagement physique viril anglais, la ténacité roublarde argentine : autant de styles de jeu avec leurs champions emblématiques offrant l'image idéalisée que chaque nation souhaite se donner d'elle-même. L'équipe est une métaphore expressive de l'identité collective (Bromberger, 1995). Or, si durant son parcours de Coupe du monde de football 2010, l'équipe de France a été aussi abondamment critiquée, c'est avant tout en raison de la reformulation des raisons sportives de la déroute en question « ethnoraciale » visant à imposer une norme identitaire du bon joueur en tant que « bon » français. À l'évaluation des qualités sportives des joueurs se sont ajoutées des épreuves de conformité à une identité nationale laissant libre cours à l'ethnicisation des causes de la défaite. Ainsi, l'infantilité et l'immaturité de « sales gamins » des Bleus ont été maintes fois dénoncées. Présentée comme une sorte de catalogue de toutes les erreurs à ne pas commettre (scission, clanisme, intimidation maffieuse, irresponsabilité face à la défaite), la prestation des joueurs a été comparée à celle d'une bande de « caïds ». Ce qui a été le plus âprement reproché aux Bleus 2010 fut, tout bonnement, de ne pas aimer la France. Fuyant la mise en présence avec les supporters, indifférents à la Marseillaise pendant les hymnes nationaux, jouant « perso » pendant les matchs et d'une arrogance froide après les plus cuisantes défaites, les Bleus n'auraient montré que leur manque de générosité et leur absence de patriotisme. Cette double absence d'esprit d'équipe et indissociablement d'esprit national semblait d'autant plus condamnable que l'historiographie de l'équipe de France célébrait soit une intégration réussie (les Bleus de Kopa en 1958 et les Bleus de Platini en 1984), soit une multiculturalité triomphante (les Bleus de Zidane en 1998). À travers ses trois générations glorieuses, le football pouvait être présenté comme un creuset de l'identité nationale. Ainsi, l'équipe qui termina troisième en 1958 de la Coupe du monde en Suède reflétait les migrations des « gueules noires » polonaises et des ouvriers sidérurgistes italiens durant l'entre-deux-guerres[1]. La deuxième équipe de France emblématique, celle du début des années 1980, fut nourrie par différentes générations de migrations. Le grand-père Platini était arrivé dans les années 1920 en France, alors que la famille de Luiz Fernandez est arrivée aux Minguettes à Vénissieux dans les années 1960. Chez Kopa, comme chez Platini, ou Zidane, le maillot recouvrait les origines (Noiriel, Beaud, 1990). L'équipe des Bleus « Black-Blanc-Beur » de 1998 réussit à symboliser d'autant plus facilement la France plurielle du point de vue culturel que, venus de divers horizons, les parents des joueurs témoignent pourtant d'une très forte homogénéité sociale. Les vainqueurs de 1998 sont encore les héritiers du monde ouvrier et rural de la France des Trente Glorieuses. Malgré leur parcours au sein de grands clubs européens, ils conservent l'ethos de leur prime socialisation (abnégation au service du collectif, gout de l'effort, humilité). Voilà pourquoi Aimé Jacquet ne rencontrera pas de difficulté face à l'hétérogénéité culturelle apparente de l'équipe championne du monde. Revêtir le maillot de l'équipe de France c'était revêtir les valeurs de leur enfance : solidarité et esprit d'équipe (Duret et coll., 2011). La morphologie sociale de l'équipe de France 2010 est au contraire fortement clivée. Certains Bleus sont issus des beaux quartiers alors que d'autres viennent des quartiers sensibles. C'est le cas pour six des sept joueurs fils d'immigrés africains qui (hormis Sydney Govou) ont tous grandi en cité. À l'inverse, Hugo Lioris est

1. Noiriel G. et Beaud S., « L'immigration dans le football », *Vingtième siècle*, nº 26, 1990, p. 83-96.

fils de banquier monégasque, Yoann Gourguff est fils d'entraîneur éducateur et Marc Planus fils de commerçant prospère. La déliquescence du collectif a été interprétée en termes d'écart culturel entre les « premiers de la classe » dont Gourcuff reste la figure emblématique, et les « bad boys » dont Gallas, Ribery et Anelka demeurent les fleurons, mais cet écart à lui seul ne suffit pas à expliquer des tensions à proprement parler sociales.

En réponse aux multiples accusations subies par les Bleus, peu de voix se sont élevées. Celles qui s'y risquent développent deux types d'argumentation.

Le premier insiste sur un déplacement des causes de l'échec. Elles ne sont pas « raciales » mais sociales (Beaud, 2011) ; elles ne sont pas plus individuelles mais liées à des effets de système. L'auteur impute l'absence d'esprit collectif à des carrières de plus en plus précoces imposant un mode de vie à l'opposé des valeurs de solidarité. Achetés très jeunes par des clubs européens, puis prêtés à d'autres clubs où ils doivent faire leurs preuves, les joueurs ne disposent pas de la stabilité nécessaire à l'acquisition d'une autre morale que celle de la « débrouille personnelle » et du chacun pour soi.

Le second type d'argumentation insiste surtout sur la discrimination dont les Noirs (majoritaires en équipe de France de football) font l'objet dans la société française. L'affaire « des quotas » où s'est compromis Laurent Blanc durant le mois de mai 2011 vient fournir de nouveaux arguments à ceux qui, comme Éric Fassin, soulignent qu'il n'est pas nécessaire d'être forcément raciste pour entrer dans une logique raciste. L'auteur parlera « d'un racisme sans raciste » (*Libération*, 9 mai 2011). Ainsi, S. Beaud et É. Fassin, pourtant très proches (tous deux professeurs à l'École normale supérieure) ont-ils adopté des positions radicalement différentes. Le premier mettant en avant la variable « classe sociale » quand le second fait primer la variable « culturelle et raciale ».

En définitive, l'évaluation de l'efficacité du sport mériterait de regarder de plus près hors des stades comment ses valeurs autoproclamées se transfèrent ou non à la vie quotidienne. Il s'agirait de voir en quoi l'engagement sportif conduit (ou non) les jeunes à acquérir pour le reste de la semaine, dans leurs groupes d'appartenance, de véritables capacités d'organisation réclamées par une gestion respectueuse de soi et des autres. Mais il faudrait pour cela se déprendre également de l'idée allant trop souvent de soi qui fait des valeurs sportives un tout unifié pour interroger leurs contradictions : solidarité mais compétition, respect et fair-play d'un côté mais survalorisation de la victoire et violence de l'autre.

Chapitre IV

LE SPORT DE HAUT NIVEAU

I. – Sport de haut niveau et dépassement de soi

1. **Le hors-norme comme modèle.** – Le sport de haut niveau est porté par l'exploit et par le dépassement de soi. Ce qui est attendu des grands rendez-vous sportifs (Coupes du monde, Jeux olympiques) ce sont des records. Cela suppose une vision dans laquelle les progrès des performances seraient illimités et entraîneraient un recul incessant des frontières physiques. Pour donner vie à cette croyance, les athlètes sont prêts à répéter des séances quotidiennes d'efforts durant plusieurs années. Presque tous les champions de haut niveau sont prêts à accepter la douleur liée à de hautes doses d'entraînement[1]. Supporter des souffrances entretient l'athlète, le boxeur, le gymnaste, mais aussi le danseur dans sa conviction vocationnelle. Ainsi, P.-E. Sorignet a parfaitement souligné un paradoxe des danseurs de haut niveau qui est d'offrir une représentation corporelle de la jeunesse et de la santé au prix d'endurer des blessures répétées et inscrites dans leur socialisation artistique

1. Ce qui ne veut évidemment pas dire qu'une médaille vaille la santé d'un enfant. On doit fermement s'indigner devant la « casse » produite par certaines disciplines (la gymnaste Élodie Lussac et ses fractures de fatigue en reste un exemple médiatisé).

même (Sorignet, 2006). La douleur, note Sorignet, n'est pas le signal d'alerte qui incite à s'arrêter. Elle est au contraire perçue comme nécessaire aux progrès. Elle en vient à constituer l'outil d'une évaluation positive de soi. Dans de nombreuses disciplines, c'est au nombre et à la persistance de ses courbatures que l'on juge de la qualité de ses séances d'entraînement. Culturistes (Roussel et Griffet, 2001), boxeurs[1], danseurs, marathoniens[2] s'exercent à différer, voire à supporter l'épuisement. La condition d'athlète de haut niveau réclame donc un engagement corporel total. Si on ne donne pas tout, on ne donne rien : c'est sur cette certitude que se construit une expérience souvent vécue en vase clos, faite de stages édifiant un entre-soi et une communauté d'être hors normes. L'équipe de rugby ou de handball sacralise le devoir de solidarité qui impose, le moment du match venu, de traiter en petits bobos négligeables de sérieuses blessures. L'adhésion à une dimension groupale de l'engagement met en sourdine les plaintes du corps.

2. **Socialisation familiale et accès au sport de haut niveau.** – Les trajectoires des héros sportifs servent souvent, comme les contes de fées, de passerelles entre le monde des pauvres et celui des riches. Parti de rien, le champion arriverait grâce à son seul talent au faîte de la gloire. Or, battant en brèche cette fiction entretenue par les médias à coup de *success story*, les statistiques montrent au contraire que, tous sports confondus, les parents des sportifs d'élite sont surdiplômés par rapport à l'ensemble de la population française (Fleuriel, 2004).

1. D'après aussi bien les travaux de T. Bujon que ceux de L. Wacquant.
2. M. Ségalen, *Les Enfants d'Achille et de Nike,* Paris, Métailié, 1994.

Tableau 10. – **Diplômes des parents d'athlètes de haut niveau**

	Diplôme du père (N = 814)	*Diplôme de la mère (N = 814)*	*Population active française*
Aucun	8,1	9,3	20
Certificat d'études primaires	25,5	28,6	17,3
BEPC, CAP, BEP	24,1	19,3	32,9
BAC	11	18,8	12,2
Diplôme supérieur	31,3	24	17,6

Source : Fleuriel, 2004, p. 66.

Toutefois, la distribution sociale des sportifs de haut niveau suggère également que ceux qui accèdent aux sports les plus professionnalisés (boxe, football) sont d'origines sociales plus modestes que les autres.

La production rationalisée de la performance n'est pas qu'une affaire d'État, de fédérations et de clubs mais aussi une affaire de familles. Par-delà l'idéologie du don qui laisse à penser que le talent sous-jacent du sportif ne demandait qu'à s'exprimer, les familles opèrent un processus de tri et de confirmation des dispositions en stimulant ou décourageant les vocations précoces. L'investissement familial ne tourne pas le dos à la rationalité scolaire, mais est capable de la mettre au second plan. Daniel Herrero joueur puis entraîneur du Rugby club toulonnais raconte, par exemple, comment depuis son plus jeune âge, il s'est imprégné des matchs de son père : « Mon univers a longtemps été ovale. À 3 ans, j'arrivais au stade dans les bras de mon père. Quand il a arrêté de jouer, j'ai continué à aller voir mon frère aîné André […] enfant, j'ai assisté à tant de matchs que lorsque mon tour de jouer est venu, tout de suite ça a marché. »[1]

Mais ce « tel père tel fils » n'est pas systématique. Ainsi, on sait, par exemple, que le père de Yannick Noah jouait au football et non au tennis. Son propre fils préfère jouer au basket. Le père de la nageuse Roxana Mărăcineanu était un amoureux du ballon rond. Le père de Jean-François Lamour faisait de la lutte et non de l'escrime, tant et si bien que l'on pourrait multiplier les exemples où le fils pour devenir champion n'est pas rentré directement dans les traces du père. Mais tous ces champions avaient un besoin impérieux de reconnaissance paternelle. Yannick Noah raconte qu'il se disait : « Il faut que je sois champion, comme ça j'aurais de l'amour. D'ailleurs la première fois où mon père m'a dit "je t'aime" directement et qu'il m'a pris dans ses bras, c'est sur le court central de Roland-Garros à la fin de la finale contre Mats Wilander. Bien sûr qu'il faut un manque… »[2]

Souvent, les champions en herbe acceptent que leur vie se réduise à une alternance d'entraînements et de compétitions. Ils adoptent une vision chronologique et séquentielle de leur identité (où il convient de tout donner au sport, en reportant à l'après-carrière sportive leurs autres chantiers identitaires). Ceux qui souhaitent vivre de manière superposée toutes leurs dimensions identitaires (sentimentale, sportive, scolaire) sortent immédiatement du rang (comme Laure Manaudou).

1. Propos recueillis par J.-P. Acensi dans *La Leçon de sport*, Paris, Autrement, 2006.

2. *Ibid.*

À partir d'entretiens biographiques, et de manière systématique, L. Forté a analysé les rapports entre les investissements sportifs de jeunes athlètes et leurs autres dimensions identitaires (famille, école, relations amicales ou amoureuses). L'engagement durable dans une pratique d'athlète suppose donc la hiérarchisation de ces différents domaines d'expression du soi. L. Forté repère que plus les milieux de vie sont cloisonnés, plus les dispositions mobilisées dans chacun d'eux sont hétérogènes. L'influence sportive de la famille sur les enfants, en tant que socialisation primaire, est un moment important mais pas irréversible de la formation des goûts. Lucie Forté décrit plusieurs conditions environnementales connexes pour devenir athlète de haut niveau. D'abord certes, il est nécessaire que les familles se montrent attentives aux résultats de leurs enfants afin qu'ils en retirent des bénéfices symboliques. L'évaluation familiale est le premier outil de production de la confiance en soi. Les encouragements parentaux fonctionnent à la fois comme des consécrations et comme des promesses. Un pas est franchi quand le prestige dont bénéficie le jeune sportif est vécu comme un capital valorisant l'ensemble de sa famille. Quand les parents ont eux-mêmes un passé d'athlète, L. Forté remarque combien ce sport devient dans ces cas-là le lien relationnel privilégié entre générations. L'auteur repère un plus fort investissement scolaire chez les futures élites athlétiques que chez des aspirants champions d'autres disciplines. Les perspectives de professionnalisation dans l'athlétisme sont contrebalancées par la crainte qu'une blessure vienne y mettre un terme prématuré. L. Forté identifie trois types d'articulations entre les réseaux amicaux et sportifs. Les jeunes les plus investis dans le haut niveau ont beaucoup de relations mais très peu – ou pas – de « vrais amis » qu'ils soient athlètes ou non sportifs. Il s'agit pour eux de ne pas perdre de temps avec la sphère amicale et de se consacrer *all time in*, à plein-temps, à l'athlétisme. À l'opposé, avoir beaucoup d'amis hors de la sphère de l'athlétisme est un signe fiable d'une mise en sommeil des ambitions athlétiques. Dans une deuxième articulation, des athlètes de moindre niveau conservent des amis « extérieurs » à l'athlétisme ; il s'agit alors de préserver une part de son identité hors de l'emprise de la pratique sportive. Réussir à se convaincre que l'on peut exister ailleurs que sur les stades rassure. Dans la troisième articulation, les amis prennent de l'importance, mais sont eux-mêmes des athlètes. Ce type de relation permet d'une part un renforcement mutuel de la motivation et opère d'autre part un désamorçage des rivalités sportives quand elles deviennent pesantes. Quand aux relations amoureuses, celles-ci sont puisées dans le milieu sportif, au moins pour deux raisons : d'une part, la « perte » de temps est jugée moins grande, d'autre part les sacrifices consentis pour l'entraînement de chacun sont mieux compris. Les relations affectives entre athlètes de haut niveau peuvent dans les cas extrêmes être menées à distance. Les amoureux n'étant mis en présence que lors des stages.

Mais il convient toutefois de se défier des biographies reconstruites où les sportifs de haut niveau s'attribuent après coup un chemin tout tracé les amenant inéluctablement à la réussite. Nombre d'entre eux ont connu (et connaissent) en réalité des périodes de doutes et de *burn out* en cours de carrière. L'entraînement consiste en lui-même le plus souvent à adopter un mode de vie excluant du monde ordinaire. Le quotidien des « pôles

France » d'entraînement revient à un mélange subtil de concurrence et de solidarité. Cette association des contraires est donnée comme nécessaire pour forger un caractère bien trempé (indispensable au sportif de haute compétition). En fait, l'équilibre des jeunes champions est mis à rude épreuve. En outre, une enquête menée auprès des sportifs de haut niveau réunionnais[1] montre que l'éloignement de la famille et la migration constituent des épreuves identitaires supplémentaires. Malgré des procédures efficaces pour « sécuriser » l'inconnu (comme s'appuyer sur des réseaux de sportifs réunionnais en métropole par exemple), il n'est pas aisé de rester dans l'anonymat quand sur son île on est déjà une vedette. Le sentiment de réussite dépend de plus des buts que chacun de ces sportifs se fixe.

II. – La professionnalisation des performances

Les charges d'entraînement et les temps de récupération rendent aujourd'hui quasi impossible la réalisation d'une double carrière sportive et professionnelle en dehors du sport. Pour pouvoir s'entraîner, le champion doit être libéré des contraintes occasionnées par un autre métier. En 2004, encore entraîneur de Laure Manaudou, Dominique Lucas évoquait par exemple après le succès de la nageuse aux JO d'Athènes un programme hebdomadaire de 21 séances, une moyenne de 16 km par jour parcourus dans l'eau. Mais cette augmentation régulière des charges de travail d'entraînement tout au long de l'histoire du sport n'a pas eu pour effet de renforcer la

1. P. Duret, « Quitter son île pour devenir quelqu'un », *Science et motricité,* n° 55, 2005, 113-129.

dépendance, voire l'aliénation du sportif face aux fédérations et aux clubs puisque dans un même temps les sportifs gagnèrent plus d'autonomie. Dans nombre de disciplines, ils sont aujourd'hui dominants face aux institutions fédérales. Ainsi, dans des sports comme le tennis, les joueurs prennent l'initiative d'employer l'entraîneur et le coach de leur choix (réduits aux rôles de prestataires de service). De plus, ces sportifs de haut niveau ont la liberté de construire comme ils l'entendent leur saison. À chacun d'eux de déterminer en fonction de leur ambition, de leur condition physique, le nombre de leurs participations. Ils disposent de multiples stratégies, toutes comportant leur part de risque : se présenter au plus grand nombre de tournois possibles (risque de blessure ou de saturation), ne se présenter qu'aux grands rendez-vous (risque de forte concurrence et d'échec), privilégier les tournois secondaires « alimentaires » (risque de rester dans les profondeurs du classement ATP). Pour les aider à opérer leur choix et à vendre au meilleur prix leur présence, ils s'assurent également des services d'un agent. L'ancien couple fédération/club qui régissait hier leur carrière laisse de plus en plus place aujourd'hui à un nouveau tandem agent/promoteurs d'événements sportifs.

1. **Une incontournable professionnalisation et ses effets sur la vie des clubs.** – Les années 1990 marquent une étape décisive dans la professionnalisation des clubs et des joueurs de haut niveau. Corrélativement, on assiste à un désengagement progressif des municipalités et, du coup, à une augmentation de la part des sponsors dans les budgets des clubs. Trouver des sources de financement privées devient alors pour eux une priorité

incontournable. Pour attirer les financiers, les clubs vont chercher à obtenir plusieurs arrangements avec leur fédération. Le premier concerne la transformation de la durée de la saison sportive. Les clubs souhaitent un allongement et une diversification de la saison offrant ainsi des vitrines renouvelées aux sponsors. Ils cherchent de fait à faire régner une constante animation en juxtaposant championnats, coupe nationale et diverses coupes européennes, en multipliant les *play-off* (matchs opposant les meilleures équipes en fin de saison). À l'inverse, les fédérations visent à soustraire les meilleurs joueurs des clubs pour, durant de longs stages de préparation, donner cohésion aux équipes nationales. Mais aujourd'hui, les joueurs se doivent d'abord à leur club avant d'appartenir à telle ou telle équipe nationale.

L'ouverture d'une « bourse mondiale des excellences sportives » amène, en outre, les joueurs à se vendre dans les pays où le cours de leur discipline est le plus favorable alors que la fiscalité est la moins pénalisante. Du coup, les volleyeurs tricolores s'exportent en Italie, les handballeurs en Allemagne, les rugbymen en Angleterre ou dans l'hémisphère sud. Mais ce marché suppose aussi l'accueil de joueurs étrangers dans les clubs locaux. La mondialisation a donc déplacé les normes de la gloire sportive. Il y a peu, les valeurs de fidélité et d'attachement au club étaient, par exemple, encore très fortes chez les rugbymen. Hier, le joueur en partance était désigné de « mercenaire », stigmatisation blessante à l'extrême dans un monde où le profit monétaire arrivait loin derrière les liens d'amitié ; « mercenaire » était synonyme de « traître aux siens ». La mutation et l'expatriation étaient de graves offenses faites à son entraîneur, à son club et à sa ville. Aujourd'hui, le souci de défendre les couleurs et les valeurs de sa communauté d'origine n'est plus d'actualité. Être « sans attache » est devenu une condition essentielle pour être considéré comme un « vrai pro ». Il convient alors de s'investir totalement dans un projet dont la durée limitée fait partie de l'engagement contractuel. En même temps que s'évanouit la différence majeure qui jusque-là séparait le rugby « cassoulet » des autres sports professionnels, s'essoufflent aussi les relations « paternalistes » qui liaient par un sentiment de gratitude le rugbyman aux dirigeants qui lui trouvaient un emploi. La professionnalisation a donc eu des effets déstructurants sur le rugby « des villages », dont les ethnologues (Darbon, 1999) ont montré à quel point il était un mode de vie célébrant une solidarité de type familial. À la fin des années 1990, le rugby ne correspondait déjà plus à l'image « folklorique » qu'il souhaitait encore donner de lui-même : celle des héros truculents des troisièmes mi-temps débridées. Dirigeants, entraîneurs et joueurs s'accordent dans une complaisante défense du rugby comme dernier bastion des valeurs d'abnégation et de sacrifice au service du collectif ; mais il s'agit là surtout d'une stratégie de communication où chacun trouve son compte, sachant, par expérience, qu'une modestie de circonstance ne peut que servir les carrières individuelles[1]. Par-delà ces discours de principe, et dans un même temps, les dirigeants[2]

1. V. Charlot, *Les Spectacles sportifs professionnels et leurs publics*, thèse, Toulouse, 2006.

2. Le président du RCT, Amourad Boudjellal, continue à parler d'une équipe soudée, sans passe-droit ni vedette alors même qu'il favorise le recrutement de stars et verse presque 500 000 € à Tana Umaga l'ancien capitaine des All Blacks pour un transfert limité en 2006 à sept matchs (trois mois).

n'hésitent pas aujourd'hui à recourir à des Samoens, des Fidjiens, des Néo-Zélandais, des Africains du Sud ou même des Anglais. V. Charlot expose comment plusieurs clubs de haut niveau réussissent à rester attractifs sur un même espace géographique en comparant l'Élan béarnais Pau-Orthez (basket masculin), La section paloise (rugby à XV) et le Tarbes gespe Bigorre (basket-ball féminin). Il montre que le positionnement spécifique de chaque public autour des questions de la professionnalisation est parfaitement intégré dans le discours des joueurs, des dirigeants et même dans les modes de socialisation à l'œuvre dans chaque club. Ainsi, le public de la section paloise exprime une conception du rugby très repliée sur l'espace local. Les slogans utilisés pour les campagnes de communication du club adoptent de fait cette symbolique du « combat pour la défense d'un territoire ». Dans ce contexte, l'internationalisation même reconnue nécessaire est vécue comme étant particulièrement nuisible au rugby des terroirs. La professionnalisation et l'internationalisation sont bien mieux acceptées dans les deux clubs de basket plus ouverts sur le monde. La diversité culturelle affichée par les équipes est perçue comme une richesse, et ce, d'autant plus que les résultats sont au rendez-vous et aident à la légitimer. La réussite sportive est, comme le note V. Charlot, un élément de stabilité de l'organisation interne du club.

2. **La mobilité comme atout des sportifs de haut niveau.** – Rarissimes sont les joueurs du Championnat de France de football (comme le Lensois Éric Sicora) à avoir fait toute leur carrière dans un même club. À mille lieues de cet « anachronisme », les « stars » sportives ne sont que de passage d'un club à un autre. Ce qui

distingue les « stars » des joueurs de moindre envergure, c'est qu'elles choisissent la mobilité et ne la subissent pas. À coups de transferts, à chaque fois plus faramineux, les champions réaffirment, sur le mode du feuilleton à épisodes, leur indépendance et leur autonomie. Le transfert devient donc un moment clé de la carrière.

La mobilité est également un puissant moyen de pression au service des sportifs en cas de conflit avec leur club employeur comme le montre l'issue du *lock-out* des dirigeants de clubs de basket-ball de NBA. Au début de l'été 1998, les propriétaires de clubs vont entamer un bras de fer historique avec les joueurs dans le but de réduire l'inflation des gains des joueurs[1]. Durant six mois, la situation resta bloquée quand dans une ultime manœuvre les joueurs menacèrent d'aller se licencier dans des clubs européens. Les négociations reprenaient aussitôt et aboutissaient, deux jours plus tard seulement, comme par enchantement.

Même avantage offert par la mobilité, quand il s'agit pour les boxeurs d'obtenir une qualification permettant de concourir pour un titre mondial que leur refuse leur pays, ils peuvent toujours se réfugier dans une autre fédération plus clémente.

En cas de conflit avec leur fédération, les joueurs peuvent en outre faire appel au droit civil qui vient supplanter le droit sportif en matière d'obligations imposées aux clubs. C'est ce que montre l'affaire Bosman. En avril 1990, le footballeur Jean-Marc Bosman arrivé

1. Il n'est pas sans intérêt de noter au passage que la situation est inversée par rapport à la traditionnelle grève des ouvriers réclamant une augmentation, puisque ici ce sont les patrons qui font grève pour limiter les salaires.

en fin de contrat se voit proposer par son club, le RC Liège, un nouveau contrat réduisant son revenu de plus de moitié. Quand il refuse de le signer, son club le place sur la liste des joueurs transférables puis le suspend, c'est-à-dire dans le jargon sportif « le met au placard ». En août 1990, Bosman porte plainte en justice contre son club et contre la fédération cautionnant cette pratique courante. Le tribunal donne raison à Bosman, le club et la fédération font appel. De recours en recours, l'affaire finit à la Cour européenne de justice. En décembre 1995, celle-ci rend un arrêt déclarant illicite, en vertu de l'article 48 du traité de Rome (libre circulation des travailleurs de la CEE), les règles de l'Union européenne de football. Désormais, les joueurs n'appartiennent plus au club, ils y travaillent. Cette affaire marque une rupture importante dans les droits des sportifs de haut niveau, le stade n'est plus un lieu d'exception hors des droits du travail. Très vite, l'« arrêt Bosman » a fait jurisprudence dans d'autres sports. Au point que, figure métonymique par excellence, le nom de Bosman n'allait plus définir une personne, mais fonder une nouvelle catégorie de joueurs les *bosmans* (sportifs disponibles de la communauté européenne). L'arrêt vaut aussi pour les autres pays de la communauté.

À titre d'exemple de cette mondialisation des équipes, Chelsea, club de football londonien, se composait en 2002 de deux Italiens, deux Français, un Néerlandais, un Roumain, un Uruguayen, un Nigérian, un Norvégien, un Irlandais et tout de même un Anglais. Le cas d'école voyant une équipe disputer un championnat national sans aucun joueur du pays concerné, longtemps considéré comme utopique est désormais une réalité avérée. Le club de tennis de table de Ochsenhauser a été sacré, en 1998, champion d'Allemagne avec un Russe, un Roumain, un Autrichien, un Chinois et aucun Allemand.

La mobilité est un tel avantage pour les joueurs que la restreindre constitue pour les fédérations une sanction disciplinaire majeure. Ainsi, après avoir frappé un supporter de Manchester, Éric Cantonna espérait dans un premier temps contourner la peine d'un an de suspension qui lui avait été infligée en Angleterre en allant jouer à São Paulo. Mais pour contrer ce stratagème, la Fédération internationale de football association (FIFA) a fait valoir l'article 54 de ses statuts « les fédérations affiliées reconnaîtront mutuellement les suspensions et expulsions prises ». La tentative de départ en Italie de Laure Manaudou pour se rapprocher de son amoureux montre, d'une part, combien les champions décident aujourd'hui de leur destin, mais d'autre part suggère qu'ils le font à leurs risques et périls (en particulier quand il s'agit de femmes). La championne de natation en quittant le Canet en Roussillon, pour s'entraîner en Italie comme elle le souhaite, prouve certes qu'elle n'est pas soumise à l'autorité masculine incarnée par Philippe Lucas son ex-entraîneur ; mais alors que tout un chacun aurait pu célébrer cette mutation comme la consécration d'une star, la championne passa plutôt malgré son palmarès sans égal, pour une insurgée, une rebelle (un garçon n'aurait sans doute pas eu le même traitement de défaveur). Arrivée en mai 2007, Laure Manaudou sera d'ailleurs exclue du club turinois dès août de la même année et obligée de rentrer précipitamment en France.

3. **Une inégale mondialisation des performances.** – Produit historique de la culture européenne, le sport

de haut niveau s'est mondialisé. À Athènes en 1896, 14 nations participaient aux premiers Jeux olympiques modernes, à Sydney en l'an 2000 elles étaient 199 représentées. Les principaux événements sportifs (comme les coupes de monde de football ou les Jeux olympiques) ont donc un écho planétaire. Pourtant, si la participation s'est généralisée avec la reconnaissance de plus de 200 comités nationaux olympiques (CNO) pour les Jeux de 2004, les 16 CNO les plus importants engagent 54 % des athlètes et obtiennent plus de la moitié des médailles. L'ancienneté dans la compétition, le développement économique et la richesse expliquent la concentration des médailles. À Sydney en 2000, la délégation la plus importante (celle d'Australie) comptait avec ses 635 engagés autant de compétiteurs que les 114 délégations les plus petites cumulées les unes aux autres. Les États-Unis ont gagné à eux seuls autant de médailles que les 42 comités nationaux olympiques les moins titrés. Le niveau de performance, très déséquilibré entre Nord et Sud de la planète, reflète l'état politique et économique du monde.

La sociologie politique de la mondialisation sportive prend deux principaux aspects. Le premier est celui du constat de l'imposition d'une culture sportive uniforme. Cette domination se fait au détriment des pratiques locales et des jeux régionaux appelés à disparaître. Mais des travaux comme ceux de B. During ont finement montré qu'il n'y avait pas d'uniformisation totale de la planète sportive et que l'on pouvait envisager une « altermondialisation sportive ».

Le second axe de réflexion sociopolitique et géopolitique (Brohm, 1981, 1988, 1993 ; Augustin, Gillon, 2004) consiste à analyser l'olympisme comme un mythe entretenant les petites nations dans l'illusion trompeuse de pouvoir s'affronter d'égal à égal avec les plus grandes. Ces défis (in)égalitaires ne sont qu'écrans de fumée pour masquer les rapports de domination des pays riches sur les pays pauvres. Les Jeux olympiques opèrent alors à la fois comme un rêve de gloire pour les pays déshérités et une mise au pas effective de leurs prétentions. L'Afrique reste par exemple régulièrement le continent classé en queue du palmarès des médailles obtenues. J.-M. Brohm en animant plusieurs comités de boycott des Jeux olympiques a défendu l'idée qu'ils figuraient l'alliance de l'ultralibéralisme et du totalitarisme. Force est de reconnaître que les Jeux olympiques ont subi après les années 1980 l'emprise grandissante du marché, comme ils avaient subi la montée du fascisme dans l'entre-deux-guerres et le communisme du bloc de l'Est après la Seconde Guerre mondiale. Avant même de faire preuve de son excellence sportive, les Jeux olympiques sont donc devenus aujourd'hui l'occasion de faire preuve de sa puissance économique. D'où l'importance croissante de la compétition entre villes candidates aux Jeux olympiques. L'Amérique du Sud, malgré les candidatures de Rio de Janeiro et de Buenos Aires, n'a jamais obtenu d'investiture, tout comme l'Afrique. L'Europe (avec 19 Jeux pris en charge) arrive en tête des organisateurs, suivie par l'Amérique du Nord, suivie par l'Asie (Tokyo en 1964, Séoul en 1988, Pékin en 2008).

On observe le même phénomène de concentration des réussites sportives dans les grandes capitales européennes au football. Les moyens économiques requis pour accéder aux titres européens entraînent comme conséquence sociogéographique la présence des plus grandes villes européennes jusqu'aux tout derniers tours de la compétition. Le travail cartographique effectué par B. Helleu montre, en outre, comment les villes de l'Europe de l'Est souvent présentes jusque dans les années 1990 dans les tours finaux des coupes d'Europe laissent aujourd'hui la place aux villes de l'Ouest de l'Europe.

III. – Les ressorts du dopage

1. **Les trois temps de l'interdiction du dopage.** – On peut repérer trois périodes dans l'histoire récente du dopage : celle de la mise en place de l'interdiction (années 1960), celle des scandales (années 1980) et enfin celle des affaires (années 1990). B. During, puis P. Laure et enfin W. Gasparini ont noté que l'interdiction du dopage a fait suite à de longues décennies où les sportifs utilisaient ouvertement des adjuvants pour améliorer leur performance. On en attribue souvent (par erreur) la mise en place au décès de Tom Simpson durant l'édition de 1967 du Tour de France : il n'en est rien. Elle fait suite à deux colloques européens en 1963 (colloque d'Uriage-les-Bains et réunion du Conseil de l'Europe à Madrid). La lutte contre le dopage ne constituait pas dans les années 1960 une priorité. Il ne représentait qu'une ligne de défense secondaire du bastion du « sport courbertinien » dont se faisaient les gardiens les membres du Comité international olympique (CIO). Un autre rempart, celui de l'amateurisme, semblait alors bien plus directement menacé, c'est donc contre les assauts du professionnalisme et de l'argent (tout deux connotés alors très péjorativement dans un univers où ne devait régner que le désintéressement de l'effort gratuit) qu'allaient se concentrer les

institutions sportives (ne réalisant pas que marchandisation et dopage faisaient déjà système). Dans ce contexte, la mort de Tom Simpson a été traitée comme une exception qui confirmait la règle. Ce n'était pourtant pas le premier décès enregistré pour dopage ; ainsi, en 1960 déjà, aux Jeux olympiques de Rome, le cycliste Knud Enemark Jensen n'avait pas résisté à une overdose de stimulants. Mais la triste fin de Simpson marqua bien plus les esprits pour deux raisons. D'une part en raison de sa notoriété : vainqueur du Milan-San-Rémo en 1964, champion du monde sur route en 1965, il était le premier Britannique à porter le maillot jaune. D'autre part, sa mort fut filmée. Les images « choc » de son agonie sur les pentes du Mont-Ventoux montrèrent à tous ce que l'on se refusait volontiers alors à admettre : le dopage peut tuer.

À la fin des années 1970 débute la période des « scandales ». Point de contresens : loin de mettre en péril l'institution sportive, ces scandales la renforcent en tant qu'opération d'assainissement menée de bout en bout par les fédérations sportives. Vouloir exalter la valeur exemplaire du sport comme modèle de juste concurrence passe en effet par la mise en scène calculée de ses injustices et de leur condamnation. De spectaculaires et médiatisées cérémonies de dégradation des tricheurs vont faire le pendant des cérémonies de remise de médailles. Le scandale vise donc à une réactivation des normes en vigueur par une montée d'indignation unanime à l'encontre d'un sportif pris la main dans le sac. La fraude de Ben Johnson aux Jeux olympiques de Séoul (1988) et son traitement par le Comité international olympique (CIO) en constituent un parfait exemple. Le champion gagne la finale du 100 m dans un temps historique de 9 secondes 79 centièmes, mais contrôlé positif, il est déchu de son titre, doit rendre sa médaille, perd son record et dans la foulée est exclu de la Fédération internationale d'athlétisme. Le scandale se caractérise par une forte unité de la dénonciation, une brièveté de jugement et une clarté de la sanction mobilisant les normes partagées (ou affichées) par la communauté sportive. Il constitue donc un simple moment d'épuration où est réactivé, sans discussion, l'ordre normatif en vigueur. La rapidité du jugement comme sa sévérité montrent que, dans de pareils cas, il n'y a pas longtemps à réfléchir. Soixante-huit heures seulement séparent la victoire de Ben Johnson de sa disqualification. Moins d'une semaine plus tard, il aura rendu sa médaille et sera radié de toutes compétitions pendant vingt-huit mois. Le sportif montré du doigt par l'ensemble de sa communauté sert alors de bouc émissaire. Ce n'est pas n'importe quel anonyme qui est condamné mais Ben Johnson, le champion du monde. Quand la foudre de l'expertise s'abat sur lui, les résultats positifs indiquant la présence de Stanozolol le font directement passer du statut de vedette à celui de paria. Parfait bouc émissaire, il concentre alors sur sa seule personne des dénonciations portées jusque-là à l'encontre de l'ensemble des athlètes et permet au « troupeau » des autres champions de regagner sans encombre la bergerie olympique.

Au début des années 1990 va apparaître une nouvelle configuration. Alors que les scandales orchestrés de bout en bout par l'institution sportive tendent à la renforcer, les nouvelles « affaires » débordant ses seules frontières la mettent directement en danger. Cette évolution « des scandales » aux « affaires » est centrale pour décrire l'évolution des contentieux et des litiges sportifs dès qu'ils sortent du stade. Ce passage entraîne l'extension de l'épreuve sportive du stade au laboratoire d'analyse médicale, au tribunal ou encore à la conférence de presse. Ainsi, alors que l'affaire débute, tout comme le scandale, par une transgression dénoncée par la morale sportive, l'intrigue rebondit et mérite cette appellation spécifique quand le champion incriminé mobilise des ressources extérieures juridiques, médiatiques, scientifiques pour mettre en cause la légitimité de l'accusation initiale. La forme « affaire » implique donc une pluralité d'opinions, des argumentations multiples, l'absence de consensus et suppose, du coup, une incertitude sur son issue. Le processus de judiciarisation du monde sportif doit se comprendre dans un double mouvement : à la fois allégeance à de nouveaux tribunaux et émancipation par rapport à une justice sportive hier omnipotente. S'il n'y a plus de citoyen au-dessus des lois, fût-il un champion, il n'y a plus guère non plus de champions sans recours extérieurs face à la justice sportive. Le sport n'incarne plus l'exigence de moralisation accrue de la société civile, mais cet impératif se projette contre l'institution sportive elle-même. Des champions comme Reynolds (athlétisme), Krabbe (athlétisme) et Bouras (judo) vont recourir à un argument juridique classique par ailleurs mais inexploité jusque-là dans le monde sportif, celui du vice de forme. Ce recours efficace va leur permettre d'éluder la question pourtant centrale de leur culpabilité ou de leur innocence. Le triomphe de la logique juridique et de ses procédures se fait là nettement au détriment de la justice sportive. Les traditionnelles menaces de radiation des fédérations n'ont plus le moindre effet terrorisant sur l'athlète protégé par un juge. Dans les affaires Reynolds et Bouras, les principales ressources mobilisées par les sportifs étaient d'ordre juridique ou scientifique. L'affaire Krabbe montre comment les champions peuvent utiliser la presse pour mobiliser l'opinion publique. Accusée pour tricherie au contrôle antidopage Krabbe va donner des interviews dans la presse « people » pour se plaindre d'une discrimination due à son origine est-allemande par le centre ouest-allemand de dépistage de sa fédération. C'est à ses yeux le procès de l'ex-RDA que l'on fait à travers sa personne. La championne bénéficie alors d'un soutien populaire insoupçonné et devient une véritable star.

2. **Un répertoire d'arguments défensifs et leur temporalité.** – Nous avons essayé avec P. Trabal (Duret, Trabal, 2001) de dresser l'inventaire des arguments déployés par les coureurs, les soigneurs ou les docteurs, aux différents moments du développement des affaires de dopage sportif. Ce répertoire montre que les arguments mobilisables dépendent bien sûr beaucoup du stade de l'accusation et en particulier de savoir si les accusateurs peuvent ou non apporter la preuve que la personne mise en cause se dope. Tant que les accusations reposent sur des rumeurs, le sportif incriminé a beau jeu, en se victimisant, de constituer les dénonciateurs de l'injustice (journalistes ou rivaux sportifs) en persécuteurs. Rien de mieux, en effet, pour ébranler une opinion publique suspicieuse que d'exhiber sa souffrance et son indignation, qui permettent sur un mode compassionnel de conserver la meilleure place : celle de la victime.

En outre, les champions qui en dénoncent d'autres prennent un gros risque, celui d'être critiqué au nom de la rupture de solidarité à l'intérieur de « la grande famille » du sport. Leur accusation est alors à son tour mise en jugement : comment se fait-il que ces sportifs dénonciateurs ne deviennent épris de justice que lorsqu'ils perdent ou en fin de carrière ? Pourquoi ne militent-ils contre le dopage plus tôt ? Les vainqueurs attaqués ne se priveront pas de montrer que la déception, l'envie et la jalousie sont les motifs véritables des « calomnies » dont ils pâtissent. Les perdants ne sont plus décrits en héros d'une cause collective mais comme poursuivant leurs intérêts personnels. Dans un monde où seuls les vainqueurs comptent, la plainte deviendrait leur dernier moyen d'exister.

Tant que les champions évoqués ne sont que présumés coupables, leur défense tout à la fois pâtit et profite de ce doute. Une étape est franchie quand la rumeur est confirmée par un contrôle positif. La culpabilité avérée redéfinit radicalement la position du sportif ; sa défense doit changer alors du tout au tout. Reconnu dopé, le champion ne peut envisager sa réhabilitation que s'il parvient à suivre avec succès une des cinq stratégies suivantes :

– le « détournement ». Il consiste à faire porter la responsabilité sur un tiers (l'entraîneur ou le médecin soignant). Le sportif peut alors à loisir se présenter en simple exécutant docile, arguant qu'il se contentait de suivre les directives fixées par son entraîneur et les prescriptions délivrées par son médecin. Montrant qu'il est avant tout une pitoyable victime broyée par une mécanique qui lui échappe, il place son salut dans son ignorance. Sa naïveté devient sa planche de salut. C'est, par exemple, la stratégie qu'avait employée dans un premier temps Virenque dont la crédulité feinte fut amplement brocardée par « Les guignols de l'info » de Canal + ;

– le « retournement ». Cette stratégie repose sur l'emploi de l'argument positiviste des « progrès de l'homme » comme principe supérieur de justification des « records à tout prix » et permet de transformer la faillite morale du dopé en un glorieux sacrifice de son intégrité physique. Il se lave de l'impureté de ses actes en montrant qu'il paie de sa personne pour une cause qui le dépasse. Il n'est plus la victime pitoyable mais le sacrifié sublime ;
– la « banalisation du dopage ». Cette approche consiste à faire du dopage un passage obligé pour qui veut vaincre. Les coureurs cyclistes ont tout loisir de s'appuyer sur le palmarès du Tour de France pour montrer que, de 1996 à 2006, les vainqueurs ont été dopés[1] ; d'où l'idée que l'on ne peut gagner une telle épreuve « en buvant de l'eau fraîche » ;
– la « conversion ». Elle consiste à présenter le champion dopé comme un être en devenir qui, après la phase de l'erreur, entre dans celle de la prise de conscience. Son bannissement est alors une période d'accomplissement. Le rejet est là pour mettre l'individu en quête de sa véritable identité, car sa faute est toujours présentée comme réparable. Pris dans un processus initiatique d'adoption de l'éthique sportive, il promet non seulement de cesser de se doper mais en outre de s'opposer à la diffusion du dopage ;

1. En 1996, le Danois Barn Riis avoue ; en 1997, l'Allemand Jan Ullrich gagne mais est contrôlé positif dans d'autres épreuves, tout comme Lance Armstrong vainqueur de 1999 à 2005, enfin en 2006, Floyd Landis, lui, est contrôlé positif durant le tour.

– la cinquième stratégie revient à assumer sa transgression mais en invoquant plusieurs valeurs « nobles » et reconnues comme le principe de fidélité à la famille sportive ou le principe de respect de l'employeur.

Le constat de permanence du dopage en cyclisme ne doit pas masquer celui, tout autant indiscutable, de l'usure accélérée du corps par le sport de haute compétition. Avec ou sans dopage, franchir en bicyclette un col de première catégorie revient à mettre son cœur à dure épreuve. Vouloir en gravir plusieurs dans la journée ne peut qu'être dévastateur pour la santé. Dans ces conditions d'extrême sollicitation des corps, la généralisation du dopage ne peut être qu'inévitable. Ainsi, on peut rester largement incrédule face aux annonces de diminution du nombre des contrôlés positifs quand en revanche les moyennes de courses s'élèvent sans cesse au point que tout le peloton réussit aujourd'hui l'ascension de l'Alpe d'Huez dans des meilleurs temps que ceux de Fausto Coppi ou Eddy Mercx.

Mais, par-delà la dénonciation d'hypocrisie, les évolutions actuelles du sport de haute compétition soulèvent la question de la responsabilité des spectateurs. Voir les cyclistes s'échiner des journées durant sur les pentes des Alpes ou des Pyrénées incite les spectateurs à se projeter dans la souffrance des champions, non pas par identification à l'exploit, mais au contraire pour mesurer en quoi il leur est impossible. Ce constat les rend tolérant face à l'emploi de quelques adjuvants pour accomplir une épreuve perçue comme surhumaine. La position coutumière du spectateur est de vouloir toujours plus de spectacle et tout à la fois de s'étonner des dégâts occasionnés par cette demande.

Tant que l'on dira « c'est au sportif de décider », en appui sur le principe de propriété corporelle « chacun fait ce qu'il veut de son corps ». Il faudra bien aussi admettre que la violence, certes la moins visible mais pourtant la plus déterminante, sera celle des spectateurs. C'est leur inaptitude à apprécier des compétitions où les performances chuteraient, tout comme leur incapacité à concevoir un calendrier beaucoup plus supportable pour les coureurs qui conduit au dopage.

Chapitre V

SPORTS À RISQUES, PRATIQUES EXTRÊMES ET CONSTRUCTION DE SOI

En une dizaine d'années, les recherches sur les « sports à risques » se sont multipliées, apportant de riches matériaux, accumulant une somme de données, aujourd'hui, énorme. La richesse et l'ampleur de cet ensemble de travaux valaient bien qu'on lui consacre un chapitre. Mais cet exercice n'est pas chose aisée. En effet en même temps qu'elles se développaient, ces recherches faisaient de la notion de « sports à risques » un amalgame où s'entassaient pêle-mêle, des pratiques de montagne (l'escalade, l'alpinisme ou le canyonning), des pratiques de glisse (le surf, le kyte-surf, le snow-board) et tout un cortège de pratiques « extrêmes » (raids extrêmes, plongée extrême, etc.). La mise en chantier de leur inventaire pose deux épineuses questions : d'une part, celle de la définition même de ces sports et, d'autre part, celle de la logique de leur classement.

I. – Un fourre-tout terminologique

On essaiera d'éviter trois principaux écueils dans l'indispensable travail de définition des « sports à risques ». Le premier consiste à se satisfaire d'une définition géographique. Certes, la majorité des « sports à risques » supposent, pour reprendre les termes de P. Parlebas, une incertitude du milieu ; de fait, la plupart des travaux sur ces sports concernent l'alpinisme et l'escalade[1], mais on ne peut pourtant en conclure qu'ils ne touchent que la montagne.

Le deuxième écueil revient à avoir une définition extensive des « sports à risques » où entreraient presque toutes les disciplines sportives. Il faut alors se demander si ce sont les sports en eux-mêmes ou les manières dont on s'y engage qui sont déterminants ? Formulée en ces termes, cette alternative ne permet guère d'envisager que les deux dimensions sont à prendre en compte. Ainsi, il est extrêmement hasardeux d'établir une classification de sports à risques sur la simple base des statistiques d'accidents. L'accidentologie, utile pour le dénombrement des dommages corporels, n'offre pas un critère pertinent pour notre définition d'un sport à risques. En confondant ainsi nombre d'accident et risque, le rugby mais aussi la baignade estivale seraient plus « accidentogènes » que l'alpinisme et le parachutisme. Pour éviter ce biais, il convient de considérer les accidents non pas d'un point de vue statistique mais sous l'angle de leur capacité à évoquer le danger. En alpinisme chuter

1. Impulsés soit par l'École nationale de ski et d'alpinisme (ENSA) soit par les CREPS (en particulier celui de Vallon-Pont-d'Arc), soit par le Centre national d'observation de la sécurité en montagne (CNOSM), soit enfin par les chercheurs STAPS (comme Olivier Aubel, Philippe Bourdeau, Éric Boutroy, Jean Corneloup, Christophe Guibert, Jean Griffet, Olivier Hoibian, Arnaud Sébilleau, Didier Theiller, Michel Raspaud…) et leurs réseaux comme « sportsnature.org » créé en 1999 ou l'Observatoire des pratiques de la montagne et de l'alpinisme (OPMA) créé en 2000.

c'est, dans l'imaginaire, jouer sa vie. On ne peut donc pas s'en tenir aux seules conditions matérielles de la pratique. Certes une baignoire est *a priori* moins dangereuse qu'un océan, mais en faisant de l'apnée dans une salle de bains, on peut quand même se noyer. De fait, il est nécessaire de toujours faire le détour par la subjectivité du pratiquant, et en particulier envisager comment il perçoit la difficulté de l'activité.

Un troisième écueil nous guette, celui de la surgénéralisation qui menace dès que, par exemple, on réduit la prise de risque en sport à un grand mécanisme anthropologique d'ordalie. Plusieurs auteurs, et en particulier D. Le Breton[1], ont brillamment suggéré que jouer sa sécurité ou même sa vie au risque de la perdre fournit à l'individu des repères que la société ne lui donne plus. L'ultime limite serait la mort à travers laquelle il chercherait (en osant la défier comme dans les anciens « jugements de dieu ») à restaurer la valeur de son existence. Il s'agirait de prendre le risque de mourir pour vivre plus, ou en tout cas renforcer son sentiment d'identité. L'originalité et la fécondité anthropologique de telles analyses ne doivent pourtant pas gommer des formes majeures de confrontation au danger en sport où le but est de gérer les prises de risques. Ainsi, les adeptes des « sports à risques » ne sont pas que (et même pas prioritairement) des *outsiders* en quête du sens de leur vie. Rapprocher hâtivement les conduites ordaliques de jeunes (qui, par exemple, ne freinent pas au carrefour pour voir s'ils vont s'en sortir) et celles de parachutistes (qui s'entraînent à retarder le déclenchement de leurs

1. *Passion du risque,* Paris, Métailié, 1991.

parachutes) conduit à faire un contresens. Quel parachutiste, en effet, se satisferait d'un matériel plié approximativement ? Quel plongeur ne vérifierait pas l'état de ses bouteilles en voyant là une manière de forcer son destin ? De telles conduites seraient vécues comme de vraies imprudences, voire des inconsciences. Les sports à risques reposent donc sur un engagement corporel calculé où le sportif peut réellement perdre la vie mais sans pour autant le rechercher.

On peut reprendre les deux critères de la définition de L. Collard (1998), le risque suppose tout à la fois une perte au moins partielle du contrôle de la situation et la mise en jeu de l'intégrité physique du sportif. Les « sports à risques » se caractérisent donc par la présence d'un enjeu corporel et par une imprévisibilité quant à l'issue. L'auteur insiste : la prise de risques résulte du calcul visant à évaluer les chances de bénéficier avec succès de l'exposition au danger. Dans des activités comme le parachutisme, l'anxiété (voire la peur anticipatoire) qui précède l'action est nécessaire aux pratiquants pour obtenir de l'euphorie dès lors qu'ils estiment qu'ils ont surmonté l'épreuve. Il est donc en réalité plus opérant de décrire les usages du danger en termes de caractérisation plutôt que distinguer des activités plus ou moins risquées (en termes de catégorisation). Paradoxe, c'est à travers des activités à risques que l'on peut le mieux proposer comme objectif l'apprentissage de la sécurité (par exemple quand s'enseigne l'escalade en cours d'EPS à l'école).

En outre, ces activités enflamment d'autant plus l'imagination de ceux qui s'y risquent qu'elles entrent en résonance avec des récits mythiques fondateurs. La dangerosité de telle ou telle voie en alpinisme passe, comme l'a noté E. De Leseleuc[1], par la légende (historiquement construite) de ses difficultés. Bercé dès sa plus tendre enfance par le récit d'Herzog *Annapurna premiers 8 000,* ou encore par la version de Lachenal de la même ascension (dans ses *Carnets du vertige*), il y a de bonnes chances pour que l'alpiniste du dimanche se soit construit des représentations de la nature des plus effrayantes. Après de telles lectures, la moindre petite ascension même dans une voie pour débutants lui donnera l'impression d'être un géant confronté aux forces supérieures de l'immensité naturelle. Le vécu de la prise de risque est toujours aussi une activité imaginaire. Il n'y a donc pas lieu d'opposer difficulté objective et subjective de l'épreuve.

II. – Risques et sports extrêmes

Le pratiquant de pleine nature n'est pas le seul concerné. Des jeunes sur une aire de plongeon dans une piscine connaissent eux aussi les affres du choix quand ils hésitent à passer du plongeoir de 3 m à celui de 5 m, puis de 10 m. La situation est assez similaire à celle rencontrée en canyoning quand il faut sauter d'un rocher plus haut que les autres. L'extrême est défini autant par les comportements de ceux qui s'y engagent que par ceux qui s'y refusent. Ce « j'y vais ou j'y vais pas » mesure la limite de chacun. Il y a donc un extrême personnel qu'on rencontre dès qu'on atteint ses propres limites ; le banal des uns pouvant être l'extrême des autres.

À l'intérieur des différents sports de pleine nature, on repère des continuums allant des modalités les moins

1. E. De Leseleuc, « L'escalade : goût du risque ou passion de la lecture », *Agora,* 11, 1998, 65-72.

aventureuses à celles les plus extrêmes. Ainsi, même si la Fédération française de plongée sous-marine (150 000 plongeurs), comptabilise de la même manière une personne qui s'entraîne à vider son masque en piscine et un adepte de l'apnée en grande profondeur, les modalités les plus « extrêmes » restent une affaire essentiellement masculine. En parachutisme la fédération dénombre plus de 15 % de femmes, mais elles se contentent le plus souvent de baptêmes en tandem ; dans les modalités comme la chute libre, ou le *wingsuit,* le taux de femmes pratiquantes s'effondre.

En appui sur les travaux de P. Yonnet[1], on peut discerner plusieurs formes d'extrême : l'« extrême aventureux », l'« extrême de compétition » et l'« extrême de masse ». L'« extrême aventureux » est celui des grandes premières. Il s'agit de l'exploit initial qui sera repris ensuite dans un second temps sous la forme d'un « extrême compétitif ». Quand tous les sommets ont été conquis, que tous les océans ont été traversés, il ne reste plus qu'à refaire les ascensions ou les traversées mais plus vite, ce qui compte alors est de battre le record de celui qui l'a fait avant vous. Gravir le Broad Peak en vingt-deux heures, puis en vingt, aujourd'hui en seize. Les écarts entre les ascensions s'amenuisent, tout comme s'amenuisent aussi ceux qui séparent les participants des tours du monde à la voile ; à l'issue de telles traversées, seule une poignée d'heures départage parfois les meilleurs concurrents. Le rôle moteur est dans cet « extrême compétitif » tenu par la comparaison aux autres ; du coup, le rapport au temps et au chronomètre devient essentiel. Enfin se développe un « extrême de masse ».

1. « La fascination de l'extrême dans les sports d'aventures », in *L'Esprit sportif aujourd'hui,* Paris, Universalis, 2004, 59-73.

Tableau 11. – **Vingt ans d'enquêtes sur la composition sociale des marathoniens (en %)**

	Guibert 1979 N = 243	*Faure 1988 N = 904*	*Bessy 1994 N = 2 500*	*Bessy 1998 N = 1 000*
Agriculteurs	0	0,3	1,2	0,6
Artisan, commerçants Chef d'entreprise	3,3	9	4,8	4,4
Cadres, professions intellectuelles	48,5	39,4	37,3	36,2
Employés	23	18,2	16,8	19,5
Ouvriers	16	5,7	11,3	7,1

L'augmentation continue depuis une trentaine d'années du nombre de marathoniens[1] pourrait faire croire à sa massification globale. Or, si, jusqu'au tournant des années 1970, le marathon était très majoritairement investi par les classes populaires (Defrance, 1995), l'engouement des années 1980 est marqué par une forte modification du recrutement social de cette pratique.

Abitbol, Barthélémy, Bessy, Ferradji et Knobé ont analysé les principaux raids (marathon des sables, raid Gauloise, Camel Trophée) à mi-chemin entre le sport et l'aventure. M. Barthélémy (1999) a montré, en particulier, comment « Le marathon des sables »[2] tolérait des valeurs jugées souvent peu compatibles : concurrence mais aussi partage, compagnonnage mais aussi désaffiliation, goût du risque mais aussi goût de la sécurité. Cet « extrême de masse » se différencie des deux autres par une éthique « à géométrie variable » qui, loin des

1. 30 000 marathoniens en 1988, 55 000 en 1998, près de 100 000 aujourd'hui.
2. Thèse, Université Marseille-II, 1999.

assignations inflexibles à des types de conduites uniformes, autorisent et encouragent un large éventail de projets personnels. O. Bessy dans *Le Grand Raid de La Réunion* suggère que les concurrents exclusivement compétitifs semblent de moins en moins nombreux face à des nouveaux adeptes venus pour établir une performance « autoréférencée », découvrir la région, ou encore profiter d'une ambiance festive.

Traditionnellement en sport s'opposent deux morales : une morale concurrentielle et une morale solidaire. Dans la compétition traditionnelle prime une éthique concurrentielle très forte. Inversement dans une rencontre de « sport loisir » prévalent solidarité et entraide. Dans les courses de raids, souligne O. Bessy, chacun peut choisir son dosage personnel : certains viennent pour la découverte, d'autres pour gagner. À chacun de se forger sa conception de la course et finalement sa conception de soi. Le succès de ce type de raids tient en partie au fait que c'est à chacun de se faire une idée de jusqu'où aider l'autre, de jusqu'où il convient d'être solidaire, ou de porter assistance. Certains coureurs, comme le note M. Barthélémy, viennent en aide aux concurrents en difficulté, alors que d'autres les dépassent sans s'arrêter. Mais souvent aussi la ligne de partage entre l'envie de gagner et l'obligation de secourir passe à l'intérieur des mêmes individus sous forme de tensions entre l'exigence compétitive et l'exigence d'assistance. L'étude des raids montre comment se créent des solidarités dans des groupes éphémères. On peut faire l'expérience de la solidarité, parfois sauver des vies ou être sauvé soi-même par des inconnus à qui on ne devra rien à la fin de l'épreuve et qui ne nous devront rien non plus. Dans ce cadre, O. Bessy évite de positionner les participants du grand raid de La Réunion d'un côté ou de l'autre de la frontière séparant valeurs individuelles et collectives. Toutes ces épreuves permettent finalement un « entre-deux » relationnel à même de concilier concurrence et solidarité, indépendance et mise en commun.

III. – « Fun », « glisse » et risques

Les « sports à risques » entretiennent-ils une complicité avec les pratiques « funs » et « la glisse » ? Cette dernière notion apparue sous la plume de Yves Bessas au tout début des années 1980 était donnée comme un « art de vivre » à cultiver en surf, ski, deltaplane, planche à voile, skate-board… Dans ce rapport au monde social, il s'agissait de glisser dans sa vie et d'accroître son propre sentiment de fluidité. La glisse était porteuse d'une morale fun et d'un principe fondamental : la recherche de sensations. A. Maillot[1] note qu'après une bonne session le surfeur est un peu dans le même état que J.-J. Rousseau après l'une de ses promenades solitaires quand il écrivait « mes idées ne sont presque plus que des sensations »[2]. En tant que jeu[3], le surf a le pouvoir de « surexciter ». Devoir contrôler son corps dans un environnement incontrôlable tel est le défi ludique du surfeur. Les héros emblématiques de la tribu fun ressemblent plus à Peter Pan qu'aux champions ascétiques du culte de l'effort. S'épanouir dans le dévouement où le sacrifice y est jugé comme rétrograde. L'éloge de la « glande » libère des contraintes de la « gagne ». Mais

1. *Vagues à l'âme,* thèse, Université de La Réunion, 2006.
2. J.-J. Rousseau, *Les Rêveries du promeneur solitaire,* Paris, Booking International, p. 106.
3. J. Huizingua, *Homo ludens,* p. 18-19, Paris, Gallimard, 1951.

valoriser une flemme ludique et hédoniste semble aussi dispenser de toutes formes de travail qu'il soit sportif ou professionnel : *« Working is for people who don't surf »* (« Travailler, c'est bon pour ceux qui ne surfent pas »). Rien d'étonnant à ce que les surfeurs issus de bonnes familles se satisfassent souvent d'un statut, pourtant décrié par ailleurs, de « fils à papa ». Ils aspirent, sans scrupule, à un idéal de vie de « rentier ». Les autres moins fortunés doivent trouver astuces et « combines » pour gagner leur vie sans travailler ou en travaillant le moins possible. Le surf est le monde merveilleux des enfants gâtés : la vie y gagne peut-être en poésie mais y perd en principe de réalité (Maillot, 2006).

La mythologie californienne ne trouve guère son prolongement naturel parmi les premiers surfeurs français. En effet, la diffusion du surf au début des années 1960, notamment à Biarritz, s'est réalisée au sein d'une élite aux ressources sociales et culturelles élevées. Les « Tontons surfeurs » (de Rosnay, Hennebutte) sont issus de catégories sociales supérieures et la pratique du surf s'est développée selon des modalités bourgeoises : désintérêt, ascétisme, compétitions « entre soi ». Comme l'a justement montré C. Guibert, les pionniers étaient bien loin de l'ethos et des attributs « contre-culturels » revendiqués par les surfeurs actuels.

Le surfeur doit réussir à combiner deux aspirations contradictoires : quête de volupté et affirmation de virilité. Pour y parvenir les moyens sont multiples : augmenter la durée des sessions pour mettre à l'épreuve sa résistance physique, s'approprier les vagues et défendre bec et ongle sa propriété face aux autres surfeurs, surfer sur des récifs de corail ou à proximité de requins, et surtout s'attaquer à de grosses vagues.

En contrepoint, le skate-board est le sport de glisse urbaine qui intègre paradoxalement la notion de douleur liée à la chute. Les blessures font partie d'une pratique plus uniquement vouée à la recherche de bonnes sensations *(goods feeling)*. La douleur occupe une place à part entière dans le vécu corporel de ces pratiquants « fun ». À côté de l'hédonisme et de l'idéologie du plaisir, d'autres valeurs se mêlent avec l'aléa et l'illinx des Slides et des Holly… celles d'un engagement corporel risqué. Les nombreux articles de traumatologie consacrés au skate montrent que les jeunes s'y blessent plus que dans d'autres sports. Or, contrairement aux skieurs qui considèrent les chutes comme des accidents à proscrire, pour les skateurs la chute est vécue, non comme une étape dans l'apprentissage mais en somme comme nécessaire à la découverte de soi. Il n'y a plus de honte à dire qu'on tombe, qu'on se cabosse. Incluant vertige et chute, le skate peut figurer une transposition ludique des relations au monde de l'adolescent. L'équilibre comme dans la vie n'y tient qu'à un fil. Il est toujours provisoire et mis en danger. Il faut se heurter au monde pour en découvrir la solidité mais aussi être conforté dans sa capacité à le déformer. Enfin, tomber sert surtout à apprendre à se relever. La nécessité de la chute est reconnue jusque dans les spots publicitaires des marques de skate où elle ne représente plus aujourd'hui l'erreur transitoire du débutant, mais est associée à l'exploit. « Se payer une gauffre » suppose de « ne pas avoir froid aux yeux » (virilité), « ne pas être douillet » (mise à l'épreuve de soi par la mise à l'épreuve du corps).

Pour décrire les sports de glisse, A. Loret propose un modèle d'analyse opposant de manière tranchée l'ancienne culture sportive « digitale » (compétition reposant sur le classement et le chiffre) à la nouvelle culture sportive analogique (où vainqueur et vaincu ne sont plus séparés de manière aussi stricte). La culture digitale ne reconnaît à l'instar de l'encodage informatique que deux valeurs, le 0 ou le 1, le vainqueur ou le vaincu. Dans la culture compétitive traditionnelle, la communication sportive est centrée sur la valeur d'échange. Tel athlète « vaut » tel temps, ce qui lui « vaut » tel degré de considération et d'estime. Celui qui demeure dans les profondeurs du classement ne vaut pas grand-chose et n'a guère d'importance. Exemple de cette logique compétitive indexant l'admiration sur les performances, l'auteur reprend l'expression du skipper M. Malinowski terminant second à une poignée de secondes de M. Birch à l'issue d'une course à la voile transocéanique « seule la victoire est jolie ». À l'opposé de cette logique, la communication dans les sports « analogiques » est centrée sur la valeur d'usage d'où une revendication à une égale reconnaissance pour tous participants quels que fussent leurs résultats. Loret, dans *Génération glisse* (1995), voit dans le passage du sport « digital » au sport « analogique » le futur probable du sport.

D'autres auteurs ont montré qu'on ne pouvait pas opposer d'une manière binaire et aussi tranchée ces deux cultures[1]. Alors que les activités dites de « glisse » sont pratiquées par près d'un sportif sur quatre, soit neuf millions de Français âgés de 15 à 75 ans, elles regroupent à la fois des pratiques émergentes et des pratiques anciennes et réappropriées.

1. J.-P. Augustin, *Surf Atlantique,* Bordeaux, MSHA, 1999.

Le transfert de technique d'un support à un autre, de la neige à l'eau, de la glace à l'asphalte crée une dimension relationnelle forte entre ces différents sports. F. Burlot et M. Paupardin soulignent pourtant combien les pratiques de « glisse » ne constituent pas un tout homogène. Grâce à un traitement secondaire de l'enquête sur les pratiques sportives des Français (Mignon, Truchot, 2000), ils distinguent quatre identités de pratiquants socialement et techniquement très différenciés :

- le « groupe sociabilité et engagement » se compose d'une population âgée et aisée (forte pénétration des revenus élevés) ;
- le « groupe sensations et performance » se compose d'individus jamais avares d'un engagement physique maximal. Il s'agit d'une population très urbaine (souvent parisienne) masculine et jeune ;
- le « groupe consommation » se définit essentiellement par un triple rejet : rejet de la nature, rejet des visées hygiénistes et enfin refus de la recherche d'une performance. Le roller est l'activité phare de ce groupe. Cette population est beaucoup plus féminine, jeune et moins riche que les autres ;
- le « groupe nature » se retrouve dans la recherche de bien-être au contact de la nature. Cette population est féminine, et plus âgée, moins diplômée et beaucoup plus présente dans les milieux ruraux.

IV. – Les sports dans le processus d'autonomisation des adolescents

Le sport est pour les adolescents une expérience quasi incontournable, mais la question de savoir en quoi il aide leur processus d'autonomisation à surtout trouver jusque-là des réponses saturées d'idéologie. Le sport aurait, dit-on, les mêmes vertus pour tous. Or, dès qu'on entretient une ambition de chercheur, un premier écueil à éviter sur le chemin de la compréhension du sens des pratiques sportives des jeunes consiste à ne plus faire de la jeunesse un tout unifié. Des différences de résultats, parfois importantes, qui s'instaurent entre les auteurs s'expliquent d'autant mieux qu'on envisage que chacun d'eux se focalise sur un certain type de jeunesse : une jeunesse où domine l'état de bien-être et une autre où domine la souffrance.

Avec R. Payet, nous menons une enquête quantitative sur des élèves de classes de 5e et de 4e. Un important préalable pour travailler sur l'autonomisation adolescente a consisté à en préciser les différentes dimensions. L'autonomie est en effet un processus bien trop vaste pour espérer l'étudier avec profit sans en avoir délimité les différents domaines. Nous en avons repéré trois grands. Tout d'abord, l'autonomie comme forme de débrouillardise, ensuite l'autonomie « affective et relationnelle », enfin l'autonomie « décisionnelle ».

L'autonomie comme forme de débrouillardise renvoie à la capacité de l'adolescent à gérer sa vie quotidienne sans l'aide de tiers. En ce qui concerne l'autonomie affective et relationnelle, les principaux indicateurs sont ceux permettant de repérer les personnes sources de réconfort et/ou de confidences (en situations ordinaires et/ou en situations de crise). Au sujet de l'autonomie décisionnelle, les indicateurs retenus ont été : la liberté de choisir son sport, la liberté d'investissement temporel dans le sport, la liberté d'investissement dans les loisirs en général, la liberté au niveau du travail scolaire, la liberté au niveau de l'apparence corporelle – cheveux, habits –, la liberté alimentaire, la liberté d'aménagement des espaces personnels, le poids sur les décisions familiales, le poids sur les décisions du groupe d'amis.

1. **Les sports et l'autonomie décisionnelle.** – Globalement les adolescents sont libres de choisir leurs activités sportives. Ce qui ne veut pas dire que les parents n'aient pas une influence notamment en milieu cadre où leurs suggestions et conseils semblent peser davantage sur le choix des pratiques sportives de leurs enfants qu'en milieu populaire. Mais quelles que soient leurs origines, le plus souvent les adolescents décident par eux-mêmes du sport qu'ils veulent pratiquer. Quant à l'influence des enseignants d'EPS, elle demeure très réduite.

Tableau 12. – **Influences comparées des parents, des enseignants d'EPS et des amis sur le choix de la pratique sportive (en %)**

	Ados milieu cadre	*Ados milieu populaire*
Ton père ou ta mère t'a donné envie	23	14
Ton père ou ta mère t'a (presque) obligé	8	4
Autres membres de ta famille t'ont donné envie	2	4
Ton (ta) prof d'EPS t'a donné envie	6	5
Des amis t'ont donné envie	16	36
Tu as décidé par toi-même	45	39
Total	100	100

Pourcentage en colonne, non-réponses exclues.

Cependant, la liberté de choisir sa pratique sportive n'est pas accordée une fois pour toutes par les parents ; elle est fréquemment remise en cause dès que l'investissement sportif entre en concurrence directe avec le travail scolaire. F. de Singly en avait fait l'hypothèse : « En milieu cadre, écrit-il, l'expression personnelle à travers les loisirs ne pose problème aux parents qu'au moment où l'engagement du jeune dans ce type d'activité menace les investissements scolaires » (Singly, 2006, p. 321). Nous avons pu le vérifier dans notre propre enquête d'un point de vue quantitatif. Au-delà de six heures de sport par semaine, la proportion des parents de milieu cadre qui trouvent que leurs enfants font trop de sport croît sensiblement. Il est à noter que cette augmentation de la réprobation concerne indifféremment, dans ces milieux, les parents eux-mêmes sportifs ou non sportifs.

Ce n'est pas le moindre des paradoxes que de constater combien les parents de milieu cadre, donnés pour être les champions de la négociation[1], prompts à déclarer vouloir des enfants responsables et à ériger leur épanouissement comme valeur suprême, ont recours en pratique, dès qu'augmentent les inquiétudes scolaires, à un style éducatif qui n'a plus rien de négociateur. Comment les liens générationnels résistent-ils aux infractions parentales à la contractualisation mise en place avec leurs enfants ? La violation unilatérale par les adultes des compromis passés est très difficilement supportable aux adolescents. Ceux-ci vivent mal cette liberté accordée puis reprise. D'abord parce qu'ils ne sont pas qu'élèves. Ils la vivent mal ensuite, car en

1. J. Kellerhals, E. Widmer, *Mesure et démesure du couple,* Paris, Payot et Rivage, 2004.

l'absence de réparation de « la victime », l'adolescent lésé est tenté de s'octroyer de son propre chef une compensation dans un autre domaine. Les parents sont alors dénoncés comme « traîtres » (qui ne respectent pas leurs engagements) ou « hypocrites » (qui ne préfèrent pas dire ce qu'ils pensent et ce qu'ils ont projeté de faire vraiment). En milieu populaire inversement, l'adolescent ne semble presque jamais faire trop de sport. Ce résultat s'explique d'une part parce que les parents considèrent l'adolescence comme un âge avec ses propres exigences. D'où la formule « c'est de son âge ! ». Dans les milieux populaires, les pratiques adolescentes ne sont plus jugées comme dans les milieux supérieurs, tels des maux nécessaires (mais dangereux), mais comme des caractéristiques d'une classe d'âge. D'autre part, parce que le sport est porteur, dans ces groupes sociaux d'un mythe de promotion pouvant rivaliser à bon compte avec les espoirs offerts par la réussite scolaire (surtout quand celle-ci échappe ou semble hors de portée).

Les attitudes parentales envers la pratique du sport traduisent donc bien des oppositions de styles éducatifs entre milieu cadre et milieu populaire. Les parents en milieu cadre proposent à leurs progénitures un modèle clivé de construction identitaire où la dimension scolaire toujours sous tutelle parentale cohabite avec une zone de développement personnel cantonnée aux loisirs (Singly, 2006). Pour les parents qui adoptent ce modèle, l'enfant peut écouter les émissions de radios qu'il veut, s'habiller comme il le souhaite, faire le sport qu'il veut, mais la contrepartie de son épanouissement personnel est que l'autorité parentale exige une obligation du travail et de résultats scolaires.

Tableau 13. – **Autonomie décisionnelle en fonction de l'ancienneté et de l'intensité de la pratique sportive (en %)**

	→ Plus de trois ans de pratique *→ Plus de quatre heures par semaine*	*→ Moins d'un an de pratique* *→ Moins de deux heures par semaines*
Choisit ses habits tout(e) seul(e)	73	52
Choisit son matériel de sport tout(e) seul(e)	88	68
Se rend à l'école par ses propres moyens	92	79
Se rend au sport par ses propres moyens	79	60
Peut se coiffer comme il (elle) veut	96	95

Le choix d'une discipline sportive plutôt qu'une autre ne joue que de manière très secondaire sur l'autonomie décisionnelle. En revanche, l'investissement dans le sport, tant du point de la durée que du point de vue de l'intensité, a une nette influence. Les adolescents les plus autonomes du point de vue décisionnel sont ceux qui considèrent le sport comme leur premier loisir, ceux qui ont le plus d'ancienneté dans sa pratique, avec des fréquences les plus soutenues. En bref, plus ils ont fait du sport un mode de vie durable plus les adolescents semblent avoir conquis une part importante d'autonomie décisionnelle dans ce domaine et plus généralement.

2. **Les sports et l'autonomie « débrouillardise ».** – Ce n'est pas parce qu'on fait tel ou tel sport que l'on est plus débrouillard à la maison. D'une manière générale, la variable sexe influe plus directement sur cette dimension de l'autonomie que la pratique sportive. Ainsi, toutes pratiques sportives confondues, les filles plus que les garçons sont capables de préparer seules leurs affaires. Plus que les garçons, elles se disent capables de préparer le petit déjeuner, le repas pour elle-même et pour les autres. Elles ont plus qu'eux l'habitude d'aller faire de petites courses alimentaires.

Le choix des manières de pratiquer n'est pourtant pas neutre. Il n'échappe pas au double démarquage que souhaitent opérer les adolescents. Non seulement ils cherchent à ne plus être seulement perçus comme « fils ou filles de », mais ils veulent également éviter d'être confondus avec des plus « petit(e)s » qu'eux. Pour grandir, l'adolescent a besoin de fixer des frontières excluant les marmailles. Les classements des goûts liés à l'âge deviennent alors sans appel : « Chihuahua » de DJ Bobo ou « Dragostea » de O. Zone, chansons cultes à 9-10 ans seront traitées à 12-13 ans avec le dédain réservé à la musique pour bébé. Les posters de Pikachu, Salamèche et Bulbizzar, les Pokémons qui trônaient jusque-là au-dessus du lit disparaissent. *Disney Channel* ou *Cartoon Network* se regardent encore, mais en douce et surtout sans en mot dire à ses copains avec qui il convient mieux de commenter sans fin les suites possibles de la série *Prison Break*. Continuer à venir au collège avec un cartable à roulettes c'est presque comme aller à la plage avec une pelle et un seau ! Adieu donc le cartable de son enfance, à sa place le sac à dos s'impose. La lecture de Titeuf reste légitime, à condition qu'elle s'opère de manière distanciée, afin d'éviter d'afficher trop ouvertement un goût pour la dérision de son propre groupe d'âge. En matière de sport, il faut desserrer les contraintes horaires et spatiales imposées par les parents. Il faut donc se déplacer le plus possible et le plus longtemps possible.

S'aligner sur le plus jeune est la norme des pratiques partagées en famille (Duret, 1999 ; Singly, 2006). Si, par exemple, un couple avec des enfants en bas âge décide de faire une marche, ce sera sur un petit sentier d'initiation et non une randonnée d'une journée entière sur des sentiers escarpés. Le principe organisateur général de l'activité familiale est donc de prendre le plus faible ou le plus fragile du groupe comme étalon du réglage de la difficulté.

S'aligner sur ce que peuvent faire les plus grands est, au contraire, la norme entre adolescents puisqu'il s'agit de se démarquer du groupe des plus petits. « Loin » est le mot clé qui permet de spatialiser la différence d'âge. Les enfants font du surf « dans la mousse » près du bord, les ados en feront plus « loin » au large, sur les brisants. Les enfants font du skate près de chez eux, les ados iront en faire « loin » de leur rue. Plus encore, ils n'en feront pas toujours au même endroit : rester en mouvement, conserver une fluidité permanente peuvent valoir comme principes d'identité. Alors que dans les sports traditionnels comme le rugby, les jeunes apprennent très tôt l'attachement au terrain (à travers la différence entre « jouer à domicile » et « jouer à l'extérieur »), les jeunes skateurs eux apprennent à faire d'ailleurs un chez-soi.

Les déplacements ne sont pas identiques et ne prennent pas la même signification dans tous les sports. Les jeunes rugbymen sont ceux de l'enquête qui circulent le plus, mais leur déplacement est pris en charge. Les clubs affrètent des bus. À l'intérieur, les jeunes s'amusent, se racontent les dernières blagues, chantent des chansons paillardes, sous le regard bienveillant de l'« encadrement ». La prise d'autonomie est donc toute relative. À peine descendus du bus, ils se rendent aux vestiaires. L'entraîneur leur assène un sermon bien senti sur les vertus viriles de l'entraide dans le combat indispensable quand on joue « à l'extérieur ». Arrive ensuite le moment de la partie en elle-même. Aller chiper les points de la victoire chez l'adversaire est toujours un exploit. Quel que soit le résultat du match, lui succède l'épisode du pot amical qui donne aux dirigeants l'occasion de célébrer l'amitié sportive et le fair-play (d'autant plus fermement que les joueurs se sont frictionnés sans retenue sur le terrain). Puis, les jeunes reprennent le bus et rentrent à la maison. De bout en bout, la rencontre ritualisée est sous le contrôle des adultes. Un déplacement de jeunes « Benjamins », « Minimes » ou « Cadets » au rugby est la réplique édulcorée (du point de vue de la violence et de la troisième mi-temps) d'un déplacement d'adultes. À l'opposé des jeunes rugbymen, les jeunes skateurs pratiquent le déplacement « aventure ». Le trajet fait lui-même partie de l'activité. Il est essentiel de le faire sans assistance des adultes et de ne se servir du téléphone portable comme bouée de secours qu'en ultime solution et aveu de fiasco. Les plus opiniâtres préfèrent rentrer à pied qu'appeler maman à la rescousse.

3. **Les sports et l'autonomie relationnelle et affective.** – Est-ce que les adolescents font souvent du sport en famille ? Pour la plupart d'entre eux, le sport est une activité qui se pratique entre amis. Faire du sport avec ses parents indique à l'adolescent son incapacité

à trouver des copains. Cependant, il peut conserver de petites plages de sport familial.

D'une manière générale, faire du sport loin du regard parental satisfait donc les adolescents. Pourtant, l'absence totale de contrôle peut, quand elle est interprétée comme un signe de désintérêt, être assimilée à un abandon. Nombre d'adolescents déplorent la disparition de la moindre curiosité parentale au sujet de leur pratique sportive. Pour se rassurer sur sa propre valeur, il faut être en mesure de capter l'attention parentale, ne serait-ce qu'un petit peu. Ainsi, Robin (5e) souhaite être accompagné au surf de temps en temps par ses parents (pour leur montrer ses progrès) alors qu'il trouverait insupportable qu'ils viennent le voir à chaque fois.

Mais il ne suffit pas de faire du sport en famille pour que s'évanouisse la volonté de démarquage d'avec les parents. Faire du sport avec son père quand on a 13 ans est avant tout un moyen d'évaluer, par la confrontation, ses nouvelles potentialités. Le corps adolescent, sa nouvelle résistance, son endurance, son degré d'habileté serviront à tirer bénéfice de la comparaison : « Mon père est plus fatigué que moi quand on fait un footing ensemble, je le grille comme je veux maintenant » (Luc, 5e).

Les résultats de notre enquête montrent que les amis du collège et les amis du quartier passent, quand on a 13 ans, pour de moins bons confidents qu'un membre de la famille ou qu'un copain du sport. Ce sont les jeunes skateurs qui choisissent le plus souvent leurs confidents parmi les pratiquants de leur discipline.

Le sport ne pèse donc pas de manière identique dans les trois dimensions du processus d'autonomisation des adolescents (débroullardise, autonomie relationnelle, autonomie décisionnelle). Si les filles demeurent en avance

Tableau 14. – **Le choix du confident en fonction de la pratique sportive (en %)**

	Un membre de la famille	*Un(e) amie du sport*	*Amie du collège*	*Ami(e) du quartier*	*Total*
Volley	38	36	12	14	100
Hand	36	34	8	22	100
Surf	33	49	6	12	100
Danse	31	23	14	32	100
Rugby	25	54	10	11	100
Skate	21	58	8	13	100

Pourcentage en ligne, non-réponses exclues.

dans le domaine de la débrouillardise à domicile, c'est sans doute moins en raison du sport, que de la reproduction des modèles de genre. Au niveau de l'autonomisation décisionnelle, la pratique sportive joue un rôle d'autant plus important, que souvent donnée aux adolescents comme un acquis qui va de soi, elle peut par la suite en fonction des résultats scolaires être renégociée. Enfin, au niveau relationnel, le sport reste un inépuisable réservoir de potes, de confidents, de comparses de chahuts et d'épopées. Pour beaucoup, il permet de rentrer le soir au bercail familial, endoloris, tous les muscles courbatus, épuisés, mais plus heureux, plus légers, exaltés par cette première expérience de l'autonomie.

Pour la majorité des adolescents, on peut conclure, comme l'a noté F. de Singly, que leur métamorphose s'opère en deux temps. Dans un premier, l'« adonnaissant » (Singly, 2006) construit, à côté du « nous » familial de référence, un « nous » générationnel entre pairs. La conscience d'un soi autonome n'apparaît que progressivement de la comparaison entre ces deux formes de « nous ». Ainsi, le nouveau « nous » des copains ne chasse pas l'ancien de la famille. Le sport tient alors un rôle privilégié.

Reste une minorité d'adolescents en souffrance, plus particulièrement étudiés par D. Le Breton (Le Breton, 2007). Cette souffrance peut être occasionnée par de multiples causes, sentiment d'inexistence, manque de soutien, perte de croyance dans les promesses de la vie et finalement désespoir global. D. Le Breton démontre que ces jeunes mobilisent surtout le sport sous l'angle de la prise de risque. Ils construisent ainsi une nouvelle équation identitaire où l'on ne peut réellement devenir propriétaire de soi qu'en prenant le risque de l'altération de soi. L'auteur détaille quatre figures anthropologiques familières mais distinctes dans les conduites à risques des jeunes en souffrance (Le Breton, 2007) : l'ordalie (manière de jouer le tout pour le tout), le sacrifice (manière de jouer la partie pour le tout), l'effacement de soi (disparition des contraintes d'identité) et l'affrontement (fuite en avant dans la violence).

Les « sports à risques » et les pratiques extrêmes constituent le laboratoire des mutations du sport. La contestation des valeurs sportives traditionnelles et leur renouvellement n'ont été possibles que grâce à ces pratiques qui appellent à faire du sport selon des modalités propres à chacun : comme on veut, quand on veut, tant qu'on veut. Depuis plusieurs années, les sociologues du sport s'accordent pour repérer un accroissement des sports à risques en dehors des organisations sportives. Cette forme de pratique permet, loin des assignations inflexibles à une conduite uniforme, de répondre à l'impératif « deviens toi-même par toi-même ».

Conclusion

CE QUE LE SPORT FAIT À LA SOCIOLOGIE

Dans la précédente version de ce « Que sais-je ? », R. Thomas citait les travaux d'une poignée de chercheurs. Que ces temps semblent loin ! Et ô combien faut-il rendre hommage à ces pionniers qui n'ont pas eu peur de se saisir d'un objet considéré alors comme fort peu académique. Faire de la sociologie du sport passait pour s'accorder des loisirs au regard de travaux sur d'autres objets de recherche jugés plus sérieux, plus légitimes. Au terme de ce « Que sais-je ? », j'aimerais simplement avoir réussi à rendre compte du dynamisme et de la vitalité des recherches en sociologie du sport. Les chercheurs y sont devenus plus nombreux, ils adoptent des courants de pensée et des méthodes plus diversifiées.

Malgré ce bouillonnement et ces productions remarquables, la sociologie du sport reste un domaine relativement dominé au sein de la sociologie. Qu'on en juge par la faiblesse du nombre de thèses qui se soutiennent (hors STAPS) sur le sport en comparaison de celui des thèses soutenues sur des objets perçus par la majorité des enseignants-chercheurs, aujourd'hui encore, comme plus prestigieux (éducation, travail, exclusion, couple et famille…).

Un autre moyen de mesurer l'importance d'un domaine scientifique revient à repérer si ses chercheurs réussissent ou non à inciter (ou à contraindre) ceux des autres domaines, à reprendre et à citer leurs modèles. Or, il faut l'admettre, les sociologues du sport exportent peu leurs concepts, et se placent au contraire souvent dans une logique d'application visant à faire travailler dans le domaine du sport des modèles forgés ailleurs. Ainsi, on rencontre des sociologues du sport qui essaient de mettre en œuvre le programme défini par P. Bourdieu[1], d'autres qui lui préfèrent celui de B. Lahire[2], d'autres qui analysent les épreuves sportives avec les modèles de L. Boltanski[3], ou encore qui s'attachent à l'expérience sensible offerte par les activités physiques, qui s'inscrivent dans la lignée de l'École de Francfort, qui ont un faible pour la théorie des jeux... Ces emprunts ont au moins l'avantage de faire vivre la sociologie du sport dans une situation de complet pluralisme théorique. On peut toutefois se demander si le relativisme scientifique est vraiment plus enviable que la pensée unique ? Le prix pour échapper à l'un comme à l'autre est évidemment d'entretenir un dialogue permanent et rigoureux entre ces différentes écoles.

Parent pauvre de la sociologie, la sociologie du sport est également menacée au sein des STAPS (par l'« impérialisme » des sciences de la vie). Plus nombreux, les représentants des sciences de la vie peuvent, en effet, user d'un effet d'imposition pour amener les représentants des sciences sociales à reprendre leurs manières de faire (en particulier leurs manières d'évaluer). Plus un groupe dominant est capable de convertir ses propres règles en idéal scientifique général et valable pour tous

1. P. Bourdieu, *Choses dites,* Paris, Minuit, 1987.
2. B. Lahire, *L'Esprit sociologique,* Paris, La Découverte, 2005.
3. L. Boltanski, L. Thévenot, *De la justification,* Paris, Gallimard, 1991.

et plus on s'achemine vers la disparition des formations dominées. Une seule solution face à ce risque : consolider l'identité des STAPS par le renforcement de la pluridisciplinarité. Mais bien sûr, il n'y a pas de pluridisciplinarité possible si toutes les sciences s'alignent sur le fonctionnement d'une seule.

BIBLIOGRAPHIE

Augustin J.-P., Gillon P., *L'Olympisme : bilan et enjeux géopolitique*, Paris, Armand Colin, 2004.

Beaud S., *Traîtres à la nation*, Paris, La Découverte, 2011.

Bodin D., *Le Hooliganisme*, Paris, Puf, 2003.

Brohm J.-M., *Les Meutes sportives*, Paris, L'Harmattan, 1992.

– *La Tyrannie sportive*, Paris, Beauchesne, 2006.

Bromberger C., *Le Match de football*, Paris, MSH, 1995.

– *Football, la bagatelle la plus sérieuse du monde*, Paris, Bayard, 1998.

Clément J.-P., Defrance J., Pociello C., *Sport et pouvoirs au XXe siècle*, Paris, PUG, 1994.

Collinet C., *La Recherche en STAPS*, Paris, Puf, 2003.

Collard L., *Sports enjeux et accidents*, Paris, Puf, 1998.

Chantelat P., Fodimbi M., Camy J., « Les groupes de jeunes sportifs dans la ville », *Annales de la recherche urbaine*, 79, 1998, p. 41-49.

Chantelat P., *La Professionnalisation des organisations sportives*, Paris, L'Harmattan, 2002.

Defrance J., *Sociologie du sport*, Paris, La Découverte, 1995.

Dugas E., Bordes P., Collard L., *Vers une science des activités physiques et sportives*, Paris, Vuibert, 2007.

Duret P., *Sociologie du sport*, Paris, Payot, 2004.

Duret P., Trabal P., *Le Sport et ses affaires*, Paris, Métailié, 2001.

Duret P. et coll., *Faire équipe*, Paris, Armand Colin, 2011.

During B., « La sociologie du sport en France », *L'Année sociologique*, Paris, Puf, 2002, p. 302-311.

Drouet Y., Louveau C., *Sociologie du sports débats et critiques* Actes du colloque SSSLF, Paris, L'Harmattan, 2007.

Ehrenberg A., *Le Culte de la performance*, Paris, Calmann-Lévy, 1991.

Elias N., *La Civilisation des mœurs*, Paris, Calmann-Lévy, 1973.

Elias N., Dunning E., *La Violence maîtrisée*, Paris, Fayard, 1994.

Falcoz M., Laure P., *Sociologie, l'essentiel en sciences du sport*, Paris, Ellipse, 2004.

Faure J.-M., « L'éthique puritaine du marathonien », *Esprit*, 2, 1987, p. 34-41.

Fleuriel S., *Le Sport de haut niveau en France*, Grenoble, PUG, 2004.

Forté L., « Trois fondements sociaux de l'engagement sportifs chez le jeune athlète de haut niveau », *Science et motricité*, 59, 2006, p. 55-67.

Gasparini W., Marchiset G. (2008), *Le Sport dans les « quartiers »*, Paris, Puf.

Jeu B., *Le Sport, la Mort, la Violence*, Paris, Éd. universitaires, 1973.

Le Breton D., *En souffrance*, Paris, Métailié, 2007.

Loirand G., « Les paradoxes de la professionnalisation des associations sportives », in *Les Associations entre bénévolat et logique d'entreprise*, Rennes, PUR, 2003, p. 185-203.

Loret A., *Génération glisse*, Paris, Autrement, 1995.
Louveau C., « Inégalité sur la ligne de départ : femmes, origines sociales et conquête du sport », *Clio*, 23, 2006, p. 119-143.
Marchiset G., *Des femmes à la tête du sport*, Besançon, Presses universitaires de Franche-Comté, 2004.
Ohl F., *Sociologie du sport*, Paris, Puf, 2006.
Mennesson C., *Être une femme dans le monde des hommes*, Paris, L'Harmattan, 2005.
Mignon P., *La Passion du football*, Paris, O. Jacob, 1998.
Mignon P., Truchot G., *Les Pratiques sportives en France*, Paris, INSEP-MJS, 2002.
Petterson R.-A., « Le passage à des goûts omnivores : notions, faits et perspectives », *Sociologie et société*, vol. XXXVI, 2004, p. 145-164.
Parlebas P., *Éléments de sociologie du sport*, Paris, Puf, 1986.
Pociello C., *Les Cultures sportives*, Paris, Puf, 1995.
Roussel P., Griffet J., « Regards sur les femmes culturistes », *sciences et motricité*, 42, 2001, p. 16-23.
Saouter A., *Être rugby*, Paris, MSH, 2000.
Singly F. (de), *Les Adonaissants*, Paris, Armand Colin, 2006.
Soulé B., Corneloup J., *Sociologie de l'engagement corporel, risques sportifs et pratiques extrêmes*, Paris, Armand Colin, 2007.
Sorignet P.-E., « Danser au-delà de la douleur », *Actes de la recherche en sciences sociales*, 163, Paris, Le Seuil, 2006, p. 46-59.
Trémoulinas A., « Enquêter dans un lieu public », *Genèse*, 66, 2007, p. 108-121.
Vassort P., Vaugrand H., « Le football un modèle critiquable », *Irsa*, 2, 1998, p. 57-72.
Vigarello G., *Passion sport*, Paris, Textuel, 2000.
Waser A.-M., *Sociologie du tennis*, Paris, L'Harmattan, 1995.
Yonnet P., *Huit leçons sur le sport*, Paris, Gallimard, 2003.

TABLE DES MATIÈRES

Mis en pages et imprimé en France
par JOUVE
1, rue du Docteur Sauvé, 53100 Mayenne
avril 2013 - N° 2082534T

JOUVE est titulaire du label imprim'vert®